猪・鹿・狸

早川孝太郎

角川文庫
20662

目次

鹿

狸

凡例、その他

一、本書の内容はそのことごとくが三河《みかわ》の東部を南へ流れている豊川《とよかわ》の上流地域を対象としている。そうして大部分が南設楽郡《みなみしたらぐん》の横山《よこやま》（長篠《ながしの》村）を中心に語られていた関係で、単に地名だけを謂《い》ったものはいずれも同郡内である。

一、地名を云う場合、現在の行政区劃《くかく》に従った場合と、伝承のままに部落名を村として述べたものとあって一様でなかった。これは内容の性質上感じを尊重せんとしたためで、他意あるものではない。

一、話に出てくる年代の、今から何年前とあるものは、すべてこの本がはじめて世に出た大正十五年を基準としている。別に明治何年頃という類《たぐい》のものは、前後の事情から推定したのである。共に話の確実性を少しでも保持しようとする意図に発しているが、後記にも書いたように、当たらぬ場合もまた多かろうと思う。

一、動物の話の一方に、家の歴史や人の事に触れたのは、この物語が動物を語るというよりも、むしろ人間生活と動物との交渉に重点があったためである。したがって動物学的には、かなり警戒を要する点もあるが、それ等はあえて問うところではなかった。

一、挿絵は話の理解を助ける目的で描いた。これは写生によったものと、一方記憶に基づいたものとあったが、本書では大部分を省いた。実はもっと多くを必要とせぬでもなかったが、いろいろ事情のゆるさぬものがあった。なお図は全部このたび新たに描き更《あらた》めたものである。

一、巻頭にも述べたように、本書は去る大正十五年に岡村千秋《おかむらちあき》さんの郷土研究社から叢書《そうしょ》の一冊として世に送ったもので、当時出版に当たって岡村さんの並々ならぬご配慮を蒙《こうむ》った。ここに更めて感謝の意を表しておきたい。

一、旧版本に対して、新たに序を加え挿絵を更めたばかりでなく、一部の字句や文章を改めた点も少なくない。しかし内容はそのままである。

一、旧版刊行後に集まったものを増補したい気持ちもあったが、時間的その他の関係で、気分的に一致しないものがあるので中止した。なお後記とあるのは旧版本の跋文《ばつぶん》である。

一、最後に本の標題であるが、これはこの本に続いて「鷹、猿、山犬」および「鳥の話」を刊行し、二部作あるいは三部作としたい気持ちもあって撰《えら》んだものであった。実は書名について、当時健在であられた芥川龍之介《あくたがわりゅうのすけ》さんから、自分は近く

「梅、馬、鶯《うぐいす》」という本を出す予定であるので、あなたの本を見て、その偶然に驚いたという意味を申し送られたものであった。
一、この改訂版には、「鳥の話」を附録として添えることにした。

改訂版の序

大正十四年の初夏の頃であるから、この本が初めて世に出た前年である。私は羽後《うご》の飛島《とびしま》を訪《と》うた帰りに、同じ国の由利《ゆり》郡矢島《やしま》の町に往《い》き合わせて、土地の故老達から山の獣の話を聴いていた。そこへ入るのに、海岸線の金浦《このうら》から鳥海山《ちょうかいさん》の腰を越す山道を選んで、かつては狼もさかんに出たという広漠とした冬師《とうし》の原を横切っただけに、耳にする話がひとしお身に沁《し》みる心地がした。矢島は旧生駒《いこま》家の城下で、出羽《でわ》の本庄《ほんじょう》から子吉川《こよしがわ》をさかのぼって、鳥海の東北麓《ふもと》一帯を占める笹子《じねご》村直根《ひたね》村等の、山の産物であるぜんまい、竹の子、茸《きのこ》等の集散地で、同時に山の獣の話の吹きだまりでもあった。そんなわけで話を聴いた後に、笹子から、直根村の百宅《ももやけ》の部落までも尋ねて廻《まわ》ったものである。

故老たちの話を聴いていて、東海の山村に育った私の耳に異様に感じたのは、狼(山犬)や熊、鹿、羚羊《かもしか》の話がさかんに出るのに、野猪の話というものが、さらに出てこない。日本の山の獣といえば、狼はもちろん熊、鹿、猿、羚羊等もあるが、野猪は他の獣類に較べて遥《はる》かに多いと、ひそかにきめていただけに不思議でならなかった。

そこで試みに話の間をみて話題を野猪に向けてみた。ところがそれを聞いた一座の人々はケロリとしている。しかして正直そうな一人が、この辺では野猪というものの出た話はついぞ聞かぬ——昔はいたかもしれぬが——と案外な口振りであった。実はその折から気づいたのであるが、こればかりはどこにもいると定《き》めていた野猪が、東北地方には分布が少なかったらしい。このことは東海の暖地に育った私の大きな錯誤であった。そうして将来日本のけもの風土記でもできるとしたら、特筆せらるべき問題であろうもしれぬ。

*

動物分布の上からいうと、寒地の青森県に椿島《つばきしま》があるように、適地を求めてかれ等も棲《す》んだのであろうから、思いがけぬ場所に本拠があったかもしれない。しかし地理的にみると、どうやら常陸《ひたち》の八溝《やみぞ》山あたりを一つの境目にして、その足跡はいたって少なかったように思われる。

福島県の南会津《みなみあいづ》や新潟県の山地でも、狩りの目標になるのは鹿でなくば熊、羚羊、それに猿などで、猪ももちろん雪の中を走るが、いずれかというと、その性質からであろう、陽当たりのよい疎林や萱《かや》立ちの場所を好む。陸前本吉《りくぜんもとよし》郡の海岸寄りなどは地理的には遥かに北に寄ってはいるが、そうした条件から出没があったものと考えられる。それに引きかえ鳥海山麓《ろく》などにもところどころ残っている山毛欅《ぶな》の大密林といったような所は、かれ等のためには必ずしも適地ではなかったかもしれぬ。

猪に較べると鹿の分布は案外に汎《ひろ》かったようである。現在を標準にしても南の島の宮古《みやこ》列島から、さらに奥羽《おうう》、北海道にも及んでいる。鹿は猪にくらべるとなんとなく貴族的な感じで、それだけに生活力は猪に較べて一段と劣るかに思われるが、大密林にもまた雪の中にも自在に生活を求めている。その鹿が次第に影を匿《かく》して、今では全く棲息《せいそく》しない地方が多いのは、要するに人間が捕り尽くしたもので、この点猪の場合とは少しばかり事情が違うかと思われる。事実常陸の八溝山一帯の地域でも、今はもうどちらも少なくなったが、以前は猪よりは数において遥かに鹿の方が多かったらしい。

今でも水戸《みと》市や久慈《くじ》郡太田《おおた》の町などには、八溝山麓の人々はことごとく狩りを渡世でもするかのごとく思っている人が少なくないが、それはもう四、五十年も前の話であった。しかし話だけはどうやら聴くことができる。しかしてそこに出てくるのはやはり鹿であった。冬が来て下野《しもつけ》の那須《なす》一帯の高原地が雪で埋まる頃になると、八溝一帯の山地へ移動してきたのである。鹿は熊や穴熊のように冬籠《ごも》りをやらぬ動物だけに、雪を必ずしも厭《いと》うわけではないが、地続きに暖地があれば、そこを求めて移動したらしい。ことにあの見事な肢《あし》をもち、つねに群れを成していたことも、一面には移動するための必要性であったかもしれない。

＊

常陸の八溝山（実は磐城《いわき》・下野の三国に跨《また》がる）の麓にも、私が昭和元年の秋に訪れた時には、狩人《かりゅうど》はもう幾人も残ってはいなかった。黒沢《くろさわ》村（久慈郡）町附《まちつき》に一泊して、翌日字中郷《なかざと》に狩人の一人を尋ねていったが、屋敷の入口に直径四尺もあろう大木を輪切りにした門柱があるのに、まず度肝を抜かれた。中から出てきたのが、これまた見上げるような巨大漢で、一目見た瞬間、アイヌ？——と頭に閃《ひらめ》いたほど、瞳《ひとみ》が落ち込んで顔中が髯《ひげ》に埋まっていた。その翁の話しぶりが今も眼に瞭然《りょうぜん》と残っている。以前は熊もたくさんにいたが、今はそれを物語る何一つの証拠もない。しかしこれからお前が行ってみようとする福島県白川《しらかわ》郡にはいれば、何をおいても喬木《たかき》村の伊香《いこう》を尋ねてみよ、今ではもうないかもしれぬが、あそこの諏訪《すわ》神社では、祭りのたびに熊の頭を供えたもので、その白骨が神社の前の某《なにがし》の家に累々と積んであると語ってくれた。

この翁《おきな》に別れてから、私はさらに上郷《かみさと》、磯神蛇穴《いそがみじゃけつ》等の部落に、狩人を訪うたものであったが、やはり狩りの対象は熊でなくば鹿で、猪の話はいたって少なかった。しかし猪も必ずしも獲《と》らないわけではなく、その人々が狩りの際に穿《うが》つ沓《くつ》が、磯神の狩人の家に吊《つ》るしてあったが、これは猪の皮でできている。様式からいって古代服飾の綱抜きに近い。その狩人の話であったが、猪の中には白猪坊《しらいぼう》という全身白毛を生じたものもあると老人から聴いたと語っていた。猪の毛皮で縫った沓は日光《にっこう》の奥の湯本《ゆもと》付近の狩人も用いていたようで、どういうものかぶたぐつの名があった。こうした事実から推しても、猪があの地方に相当いたことだけは確かである。

＊

西へ進むと猪の話はさすがに多い。伊豆の天城《あまぎ》山の御料場《ごりょうば》は、ついこの間まで狩猟頭たちの功名争いの場所で、丹波《たんば》の雲ヶ畑《くもがはた》と共に、年々の新聞記事を賑《にぎ》わしてくれた。獲物の中には鹿もあったが、噂にのぼるのは猪の方が常に多かった。その他三河の伊《い》良胡岬《らござき》をはじめ、近江《おうみ》の伊吹《いぶき》山麓は言わずもがな、伊勢《いせ》から紀伊《きい》にかけても、猪の話は多かった。ことに大和《やまと》の玉置《たまき》山は猪鹿除《よ》けの御符《ごふ》を出すことで、武蔵秩父《むさしちちぶ》の三峰《みつみね》神社と共に世に知られている。

渋沢敬三《しぶさわけいぞう》さん所蔵の『猪狩古秘伝《ししがりこひでん》』一巻は、民間の狩りの伝書として珍しいものと思う。年代はいずれ徳川末期であろうが、惜しいことに場所が不明である。しかし、記事から判断して大和から紀伊にかけての古伝を記したことはほぼ誤りがない。中で興味を感じたのは、一度矢玉《やだま》を負わせたものは、たとい他領たりとも追い込んで捕るという一条であった。

中国筋でも猪の話はいたるところで聞かれる。岡山の山村でも聞いたが、周防《すおう》・長《なが》門《と》等でも、今なお旺《さか》んに出没があった。もう何年か前になるが、石見《いわみ》那賀《なか》郡の温泉に泊まって、一夕土地の故老から猪狩りの話を聞いた事がある。四国でも狩りの話といえばもう猪が賓客《ひんきやく》であった。

あれから海を越えて九州へ渡れば、猪の話が圧倒的で、鹿の方は極めて影が淡《うす》い。しかし、博多《はかた》の沖の残島《のこのしま》では、鹿児島県の馬毛島《まげしま》から移した鹿が近年 夥《おびただ》しく繁殖して、開墾地の農作は、その被害で成り立たぬと聞いた。島へ行った帰りに、その日に獲たという見事な大鹿と同じ船に乗ったものであった。しかし、これは一種の人工繁殖であるから例外である。

先年福岡に暮らした頃には、豊後《ぶんご》の玖珠《くす》の町や大野《おおの》郡の三重《みえ》の町から、町に売っている猪肉を買って帰った事も何度かある。南海部《みなみあまべ》郡の因尾《いんび》村は、東国の八溝山麓のように狩人と猪の話が多く、獲物は三重の町あたりに捌《さば》くという。そうして生きた猪の出没も多かったが、ことにあの地方で聞くのは千匹猪《せんひきい》の塚の話であった。

千頭の猪を獲った期を境に供養のために塚を築いて祭ったというそれである。福岡の佐々木滋寛さんの話では、その塚がそちこちにあると聞いたが、私は不注意にして巡り合う機会がなかった。そんなわけで話だけは肥後《ひご》の五箇庄《ごかのしょう》でも耳にした。それは仁多尾《にたお》の村にあると教えられたが、これもついにたしかめずにしまった。

＊

同じ類の話は土佐《とさ》にもあって、そこではもっぱら千匹猪といい、塚を築くというよりも千匹目にいたって不祥があるという。この種の伝説は必ずしも猪に限るものではない。他の獣の、ことに鹿にもあったかと思われ、その方がむしろ先型らしく、遠江《とうみ》の千頭山《せんずさん》の地名伝説などはその一例かと思う。

鹿の頭を供えて祭りを行うことは諏訪神社の次第にもあったが、一方狩りを渡世にする者は、諏訪神社へ奉納する風があった。奉納諏訪神社と記した名札を付けて街道ばたに出しておくと、通りがかりの馬子《まご》などが次々に荷鞍《にぐら》に着けて運んだものという。これは三河の北設楽《きたしたら》郡の話であるが、陸奥《むつ》黒石《くろいし》在の六郷《ろくごう》村のししが沢には、なんの目的か判らぬがたくさんの鹿の頭が岩に彫ってあると、菅江真澄《すがえますみ》の紀行には出ている。

千匹猪、千頭の鹿の伝説も、あるいは千という数字に意味があって、例の人間を対手《あいて》とする千人斬りの譚にも関係があるかと思う。そのいずれにしてもこれが猪狩りに関聯《かんれん》して狩人の間に語られていたことには興味がある。そうして猪が旺んに出没しない限り、その伝説も継承さるべくもないのである。九州における夥しい猪の棲息《せいそく》を物語るものに、柳田《やなぎた》先生の『後狩詞記《のちのかりことばのき》』一巻がある。該書は日向椎葉《ひゅうがしいば》村（西臼杵《うすき》郡）の猪狩りの次第作法を筆録せるものであった。

沖縄では猪はヤマシシという。これは本島の山地ばかりでなく、遥かに八重山列島の石垣島にも棲息している。あそこの万年青岳《おもとだけ》を中心として、島における猪の本拠であった。そうしてついこの間も、ヤマシシの被害で農作物の収穫が覚束《おぼつか》ないとの訴えを聞いた。ここにも狩りを渡世とする者はいて、これをインビキ（犬引き）ということは、沖縄本島の国頭《くにがみ》地方と変わりはない。

猪を防ぐ柵《さく》をイヌガキといい、捕るには多く鎗《やり》を用いる。石垣《いしがき》島で使用する鎗の形式を、亡くなられた岩崎卓爾翁から伺った事があった。実物を見たわけでないから、確かな事は言えぬが、それは飛騨《ひだ》大野郡などの山地に伝わるものと多分に共通点がある。

沖縄の猪についての話として、国頭郡国頭村で聴いたことは、今もはっきり記憶にある。ことに前に述べた千匹猪の話に似たことがここにもあった。しかし、ここの話は千匹でなく、百匹であるとも伝えられている。説話者の談では、目的が供養であるか祭りであるか不明であるが、ともかく、たくさんの猪を捕った者が、縁者を招いて振舞いをやった。なにぶん子供の頃ではっきりとせぬが、振舞いと同時に仲間が集まって、さかんに的を射たというから一種の儀式であったらしい。

それと似た話を遥かに地を隔てた常陸の山村で聞いている。所は前にも述べた久慈郡黒沢村ですなわち八溝山の麓である。あの地方には明治の中期まで俗に百丸《ひやくまる》の願《がん》ということが、もっぱら狩人の間に行われた。これは捕った獲物が百に達した時を境に行うのではなくて、その名称のように、あらかじめ百という数を想定して山の神に願掛けをする。丸《まる》というのは心臓をいう狩詞《かりことば》で、要するに百の心臓を神に献《たてまつ》るとの誓約であった。そうして現にその願を果たした一人が、つい最近まで生きていたというのも、むしろ不思議の感がある。

今日のように、何事にまれ物質に走って、価値や意義を言い立てる時世になると、百丸の願の目的などもとかく理解が困難になるが、私が土地の狩人達から聞いたところでは、現代風に解釈すれば一種の励みで、いわば自己鞭撻《べんたつ》であった。しかし当の本人の心理は必ずしもそうではなかったと思われる。それは明らかに説明は能《あた》わぬにしても、種の誇りというか狩りに対する名誉感が働いていたことだけは想像される。したがってそれは千円の貯金というようなものと多分に隔たりはあるが一面に通ずる点もある。

その間の感情はスポーツなどに索《もと》めることがむしろ捷径《しようけい》である。今では心身の鍛錬《たんれん》などというが、目的や意義を云い立てるからそうした説明をしたまでで、当事者の心を駆り立てたものは、どこまでも誇らしい優越感であった。かように解すると、八溝山麓の狩人の胸にたぎり立った感情も、どうやら昔の戦場で、斬った首級の数を誇る武士の気持ちにも通うものがある。そうしてまた台湾の蕃人《ばんじん》の首狩りの習俗も思い出される。

＊

前にもちょっと触れた『猪狩古秘伝』には、狩人の名誉ある者を、壮夫《ますらお》又は薩夫《さつお》と呼んだことがある。壮夫はあるいは猿男《ましらおのこ》の訛語《かご》であったかもしれぬが、一方薩夫の名のさつは、古語にいう天の征弓《さつゆみ》のさつ、あるいは海の幸山の幸などのさちであろう。さつ、さちはただそれだけでは本質がなんであるか、まだ明らかではないが、一種の威力さかんな霊魂であろうことは、民間伝承の、ことに狩猟者の伝承を通して、想像することができる。天竜川《てんりゅう》奥地の狩人の社会には、シャチという霊威の存在が伝承されていて、狩りの成果も要するに猟具にシャチの憑依如何《ひょういいかん》で決せられる。シャチ玉といい、シャチ鉄砲等の名がそれであった。何かの動機でシャチが遊離すれば、その物の具はもはや廃具に均《ひと》しかったことを説明する挿話もだんだんにある。それ等はかつて「三遠山村手記」と題して雑誌『民族』に報告したから、ここには繰り返さない。

このシャチが一方のさつ、さちの語と内容に関聯があることは証明し得る事で、決して語音の類似ばかりではなかった。したがってその熾《さか》んなるシャチ、サチの霊魂を肉体に享《う》け継いでおれば、名誉の者である事は疑いない。問題はいかなる過程をもって薩夫となり得たか、あるいはそこを通して千匹猪、千匹鹿の故事に関係がつくかである。常陸八溝山麓の狩詞にいう百丸の願なども、そうした信仰の記憶を幽《かす》かながら胸中に描いて、これがやがて千人斬りの悲願にもつながるものと思う。

特に百丸の願などと言わぬまでで、あらかじめ獲物の数を定めて狩場に臨むことは、以前の狩りの作法にはありがちであったらしい。『後狩詞記』にもあって興味ある問題であるが、肥後や日向の狩猟者の間には、獲物を得るために海のおこぜをもって山の神を誘うことがある。その次第について同書には、狩りに臨む前にあらかじめおこぜを白紙に包み、猪を獲さすれば、この世の光りを見せ申すべしと誓約し、しかして獲物があるたびに一枚の白紙を増し、今一つ与え給わばこの世の光りを見せ申さんと、次々に白紙の数を増してゆくという。ところが私などの聴いた話はそれとは逆で、あらかじめ獲物の数を定めてその数ほど白紙を重ねておき、獲物のあるたびに一枚ずつ剝《は》いでゆく。かくしていよいよ最後の一枚を剝ぐ際には、山の嶺などの清浄の地を選んで、そこにおこぜを放つ。その瞬間鉄砲のような恐ろしい音がするなどと言う。これについて日向鞍岡村《くらおかむら》（西臼杵郡）でたまたま知った老狩人は、かつて仲間と共におこぜを手に入れたが、あまり慾張《よくば》ることも何かしら空おそろしく、殊勝にも五枚の白紙を巻いた。ところがその徴《しるし》かたちまち五頭の猪を獲たので、かねて聞いていたままに、山の嶺で干乾《ひから》びたおこぜを放したが、その際は格別音の沙汰もなかったと語っていた。

＊

前に述べた千匹猪・百丸の願などに、あるいは関聯があるかと思うが、狩りの作法の一つとして豊後大野郡の狩人社会では、獲物があるとまず臓腑《ぞうふ》を割《さ》いてその心臓を取り出し、かねて用意の白紙の中央に、その心臓すなわちかれ等のいわゆるこうざきをもって、紅《あか》くまんまるく染める。出来上がった物は日本ではどこでも見る例の日の御旗であった。これを串《くし》に付けて地に挿し祀《まつ》る。そうしてこのこうざきで染めた旗の翻る所がやがて神の所在で、見方によると一つの塚処《つかどころ》でもあった。少しく憶測に過ぐる感はあるが、われわれの常に仰ぐ日の御旗の趣向なども、かようなところに一つの根元があったように思う。血を日の神の象徴とすること、血と忌との関係なども、狩人の社会に伝承された事実から説くことは、必ずしも無稽《むけい》のことではなかった。あるいは十二の染木《そめき》（十二クシ）などと称して、獲物の血をもって串を染め、これを神の標として祀ることを、土佐の本川村《ほんがわ》（土佐郡）の狩人たちは行っていた。

＊

いわゆる狩猟ではないが対馬《つしま》の陶山庄右衛門によって企てられた猪狩りは、近世のわが国における猪の歴史を通じて、比類ない惨虐《ざんぎゃく》であった。元禄十三年に着手して前後九ヶ年の歳月を費やし、捕った猪の数は八万数千に達した。しかも全島の人口は当時三万二千というから、ほぼ三倍に近い猪の数であった。これでは一大決戦を挑まぬ限り人間の命が危なかったであろう。そんなわけで『猪鹿追詰覚書《ししかおいつめおぼえがき》』の中の、神主に読ませる書付の案に、

猪鹿年々作毛を害ひ、人民の食物を減らし――猪鹿の防に力費へて農業疎かなり、郡中に可レ生程の穀物を生じ得ざる事、神の知り玉へる所なれば――

とあるのもむしろ悲痛である。しかしこれを猪の立場からいえば、災厄であり大脅威《ぜつえい》で、同時に最後を飾る一場の悪夢であった。それから僅々《きんきん》九ヶ年の間に、朝鮮の絶影島に特別の憐愍《れんびん》をもって放たれた若い一つがいを遺《のこ》すだけで、他はことごとく亡ぼし尽くされたのである。

対馬の猪は人間どもの挑戦に遇《あ》ってたちまちに亡びたが、実は人間の生活権の拡張に伴って徐々に亡び去った猪はけだし夥しいものであったろう。これは他の鹿、熊、狼にもまた言い得ることであった。人間の立場から言えば、同じく生きるためであるから、止みがたい処置でもあったが、さて対手の数がにわかに少なくなってみると、好敵手に去られた勇士のように、そこに一抹の無聊《ぶりょう》を感ぜざるを得ない。そうして少しずつ仲間を食いつくして、最後に吾《われ》一人が取り残された侘《わび》しさもないではない。憎しと云い恨むというのもむしろ親愛の表現で、事実われわれと動物との関係には、そういうところが多分にある。陶山庄右衛門が一つがいを朝鮮の孤島に放したのも、清《きよ》盛《もり》が源家《げんけ》の遺孤《いこ》を蛭ヶ島に見遁《みのが》した故事にも通ずる。憶《おも》えばみんな寂しかったのである。

＊

われわれの歴史には、先住民族としての熊襲《くまそ》や、佐伯《さえき》、八束脛《やつかはぎ》、蝦夷《えぞ》等との争闘対立が常にくり返された事を挙げているが、動物との交渉についてほとんど記すところがないが、実は頻繁にくり返されていた事だけは想像に難くない。それ等は今に残る狩りの作法を通じてもわずかに肯《うなず》かれる。

狩場の還《かえ》りは武士でいえば、まさに凱旋《がいせん》の鼓舞《こぶ》であった。それで九州の阿蘇《あそ》や五箇《ごかの》庄《しょう》の狩人たちも、獲物があればまず法螺《ほら》を吹き鳴らして相図をし、山の神への歌を一同で合唱しつつ山を降《くだ》った。その声を聞いて、山口まで女子供までが迎えに出た。ほんとの坂迎えである。また南会津の檜枝岐《ひのえまた》の熊狩りでは、胴締めと称して、曲物《まげもの》の桶《おけ》胴《どう》に臓腑《ぞうふ》を抜いた熊の皮を張って生けるがごとき姿とし、これを若者が負って村人の出迎えの中を行進した。その行列の中には前の狩りに獲た初矢《しょや》の誉れの月の輪の巾着を腰の辺りに見せびらかす者もあった。話を聞いただけでも光景が眼に浮かぶようである。

あるいは、また獲物の下顎骨《かがくこつ》を飾っておく風も、前に挙げた福島県の伊香だけではなかった。肥後の五箇庄久連子《くれこ》村の平盛春永さんの家には、座敷の長押《なげし》に猪の下顎が、数にしてほぼ二百あまり、ずらりと並べて飾ってあった。惜しい事に家が火災にかかって、ことごとく失ってしまった。どういうものか、野猪の下顎骨は、沖縄の狩人《いんびき》たちも大切にして家の門に飾る風があった。この風は台湾の蕃人の社会にもあったらしい。また中部日本などで、山犬すなわち狼の下顎を魔除《まよ》けとして腰に下げた等も、同じ縁に繋《つな》がる風習であろうもしれぬ。

この国土から動物たちがにわかに姿を消した事に対して、動物学者の中には、かれ等の社会に強烈な疫癘《えきれい》が流行した結果と説いた人もあるそうだ。明治三十年前後などと、見てきたような話もあったが、実はちょうどその頃が、われわれ民族の文化が一大転機にあって、昔ながらの生活伝統が、あたかも伝染病に斃《たお》れるように、次々に亡びつつある期であった。動物も亡びたであろうが、動物との交渉もまたにわかに忘られた事も否《いな》みがたい。

民間の説話の中にも、動物学者と符を合わせるようなものがあった。たとえば陸中《りくちゅう》の遠野《とおの》地方では、あの地方の御犬《おいん》すなわち狼が、幾百頭となく、群れて山の岨《そば》を過ぎていった。その事以来にわかに影が少なくなったという。小学校がえりの子供達が、山の岨を通って気がつくと、前から見ると犢《こうし》ほどもあり、後ろに廻れば瘠《や》せた犬のような恰好《かっこう》をした獣が、前肢を立て、頭を心持ち下げて切株のように山肌に無数に坐《すわ》っている。

そうして時折頭を下から持ち上げるようにして吠《ほ》えた。そのことがあった頃を境に、急にあの獣の姿を見なくなったという。これと同じような話は他の地方にもある。

また、アイヌの伝説では、鹿のいなくなった理由として、かれ等がみんな海を渡って本土に渡っていった。先達の鹿の尻の部分に次の鹿が頸を乗せて、後から後から、数珠のように繋がって海を踰《こ》えたというのである。

＊

話の型は少しく異《ちが》うが、肥後の五箇庄（八代郡《やつしろ》）などにも、ここ数十年前までは夥しい猪や狼がいた。日向との境に聳《そび》えた内大臣山《ないだいじん》の山続きには、それ等が大群を成していた。狩人たちが気がつくと、猪の群を遠巻きにして一群の狼がいる。それはあたかも海で鰯《いわし》の大群を囲んだ鰹《かつお》の群のように、機を測っては外側から蚕食《さんしょく》している。猪の中には真っ黒い毛をもったもの、または白と黒と斑《ぶち》毛のもの、全身が白毛に包まれたものもいた。そうして山から山を幾日もかかって移動していた。あの夥しい猪の群は全体どこに落ちていったものか――狼は――それがふしぎでならないと、見た人達が語ったという。これは久連子村の平盛春永さんから聞いたが、同氏の父上は、五箇庄切っての狩りの名うてで、しかもその猪の群を実見した一人である。

こうしてたくさんにいた獣たちが、にわかに姿を消したことについては、伝染病説でなくば、アイヌ民族の伝説にあるように、数珠のように繋がって、遥かに海を渡って、どこともなく去ったと説明する他なかったかもしれない。しかし私などの想像するところでは、悪疫の流行もあったろうが、やはり人間たちが次々に捕って亡ぼしてしまったように思う。この点で多産の猪はそうでもないが、一年に一頭しか生まれぬ鹿の方は、たちまち姿を匿《かく》した事は想像にあまりある。それと同時に、夥しくいたというのも、果たしてどこまでほんとうかわからないのである。

いずれにしても、この国土に獣たちの姿を見なくなった事に、一抹の寂しさを感ぜずにはいられない。人間の知識ばかりがいたずらに高くなっては、もう共に在ることはできない。遠く袂《たもと》を別かって去ってしまったのも、どうすることもできぬ時のさばきであった。

私がここにものにした三河《みかわ》の豊川《とよかわ》上流の獣の話も実はその最後を物語る一つであった。あるいは足跡というか、それとも余香というか、否それにも増して幽《かす》かなもので、そうしてもう永久に還《かえ》らぬであろう後の語り草に過ぎなかった。しかし翻って想うと、われわれの民族が、ともかくも高度の近代科学を咀嚼《そしやく》し理解する一方に、動物との交渉談を、あたかも未開民族のごとく併せもっていた事は、見方によると幸福であった。これは狸の話にも言い得ることで、われわれの生活には、これを単に動物として取り扱うにはあまりに密接なものをもっていた。そこにはかれ等をことさらに異類として、別の世界に生きる者とするには、相応《ふさわ》しくないほど、身近なものだったのである。

猪

一　狩人を尋ねて

もう三、四年にもなるかと思うが、狩りの話が聴きたくて、以前狩人だった男を尋ねた事がある。前から知らぬでもなかったが、狩人だった事はつい少し前に初めて知ったのである。

あいにくだったが、今日は山田へ田繕《たなお》しに行ったと、家人の言葉を聞いた時は、ちょっと落胆したが、さらにその田というのを訊《き》いてたずねていった。

街道から山道にかかって二、三町進むと、窪《くぼ》を隔てた彼方《かなた》に、柴山をひどく切り崩した址《あと》が見えて、すぐそれと判った。

新しく畔を築いて、幾段にもできた新田の一つに、腰が弓のように曲がった白髪の男が、余念なく土を篩《ふる》っている。傍には頑丈な手押車も置かれてあった。かねて耳の遠い事は聞いていたので、傍へ寄ってから大きな声で来意を告げると、初めはなんとも合点のゆかぬ顔つきであったが、だんだんと話すうち、得心が着いたものかにやにやと顔の相好が崩れて、やがてびっくりするほど巨《おお》きな声で笑ってから、そんな事が何かの役に立つのかやと言って、さも愉快そうに語り出した。

十六の年から猪《しし》追いをやったそうである。そうして近間《ちかま》の山という山はことごとくあるき尽くして、時には遠く伊勢路《いせじ》まで入り込んだ事もある。これもその話のつづきであるが、ある年奥郡《おくごおり》（渥美《あつみ》郡伊良胡崎《いらござき》）に猪がたくさんいる話を聞いて、朋輩《ほうばい》と二人づれで出かけていった。赤羽根《あかばね》の海辺を鉄砲を舁《かつ》いで歩いていくと、岸からわずか離れた岩の上に鵜《う》が零《こぼ》れるほど止まっていた。そこで慰み半分に一発放してみると、鳥は驚いて一時に翔《と》び立ったが、その中の一羽は海の中へ落ちた。そして波にぶかぶか浮かんでいるのだが、二人とも山猿《やまざる》の悲しさにどうする事もできなかった。そのまま見捨てていこうとすると、近くの畑で始終の様子を見ていた男が走ってきて、でし殿《どの》あれはいらぬかいと断ってから、ざんぶり海へ飛び込んで拾ってきたそうである。でしとはこの付近でもっぱら狩人を呼ぶ言葉であった。

この話を聴いていると、春先陽のぽかぽか当たった海辺を、のんきそうに歩いてゆく二人の狩人の姿が見えるようである。数ある狩人の中には、居廻りの山谷ばかり守る事をせず、獲物を索《もと》めては山から山を渡り歩いて、ほんのわずかの間しか家に還《かえ》らぬ者もあったのである。

今年七十七だと言うたが、十数年前四十幾年の殺生生活をふっつりと断って、ただの農夫に還って、老い先を田地の改良などやっていたのである。今こそ百姓をやっているが、実は狩りほど面白い仕事はなかったとくり返して語った。いくらやかましく言われても、若い頃には耕作などとても辛抱ができるものでなかった。自身でそう告白しているだけ、ひどく謙遜《けんそん》した回顧談であったが、愉快な事にはその老人が、諦《あきら》めたなどと言いながら、話の間の手にこっちが語る他国の狩りの話を、珍しがって聴こうとする態度であった。

その晩さらに家へ訪ねると、一人で茶を汲《く》んだり、菓子を出したりして歓待してくれた。そして若い頃獲た大鹿の皮で、自身が縫ったという皮裁付《かわだつけ》の、ぼろぼろに綻《ほころ》びたのを納戸《なんど》の隅から捜し出して見せてくれた。大切な鉄砲もはや売ってしまって、残る物とてはもうこれだけだと、淋《さび》しそうに語っていた。

こうして猪狩の話も、納戸の隅に置き忘れた皮裁付のようにすでに過去の物語に成りつつあったが、一方対手方の猪は、まだ盛んに出没し跳梁《ちようりよう》していたのである。現にこの老人の耕していた田圃《たんぼ》の稲も、秋の来るごとに荒らされたのである。世の文化や猟具の進歩に比例して、必ずしも出没が少なくなるとは限らなかった。

二　子猪を負うた狩人

　これは私がまだ七つか八つの頃の事であった。その日は何かの用事で父が遠出した留守で、母と幼い同胞達と一間へ塊り合って寝た。山村の事ではや薄ら寒いほどの秋であった。ちょうど一眠りしたと思う時分に、何者か門の戸口をコトコトと叩《たた》く音に目を醒《さ》ました。先に気づいていた母がまず声をかけたが、外には聴こえぬらしかった。二、三度続けて問い返す中に、やっと隣村の狩人と判ってほっとした。用向きを訊くと、今しがた奥の相知《あいち》の入りで、子猪《こぼう》を一つ撃ったのだが、家まで運ぶ道具がない。それでショイタ(図版参照)を借りたいと言うのである。始終を聴いて母が土間の隅から取り出して、戸口を開けて渡すと、そのまま急いで立ち去った。思いがけぬ出来事に不安と興味がこんがらかって、なかなかに眠りつかれない。ことにそうした夜間に、ただ一人で山の中を歩いている狩人の姿が、私の幼い興味をいたく唆《そそ》るものがあった。

　暫《しばら》くするとまたもや戸口を叩く音がしてさきの狩人が帰ってきた。声を聞くまでもなくすぐ起き出して母を促して一緒に外へ出た。さすがに物珍しく心を惹《ひ》かれたのである。夜目に瞭然《りょうぜん》とは見えないが、表庭の暗がりにショイタを負って立った男の肩に、何やら突っ立っているのが、猪の肢《あし》でもあるものか、逆さにして結え着けてあるらしかった。

話の様子では宵待ちに行って、田の畔《くろ》の土手《ぼた》に踞《しゃが》んでいたと言う。すると上の柴山からボソリボソリ草を踏んで降りてきたのを、星空に透かして見ると、大小二つの紛

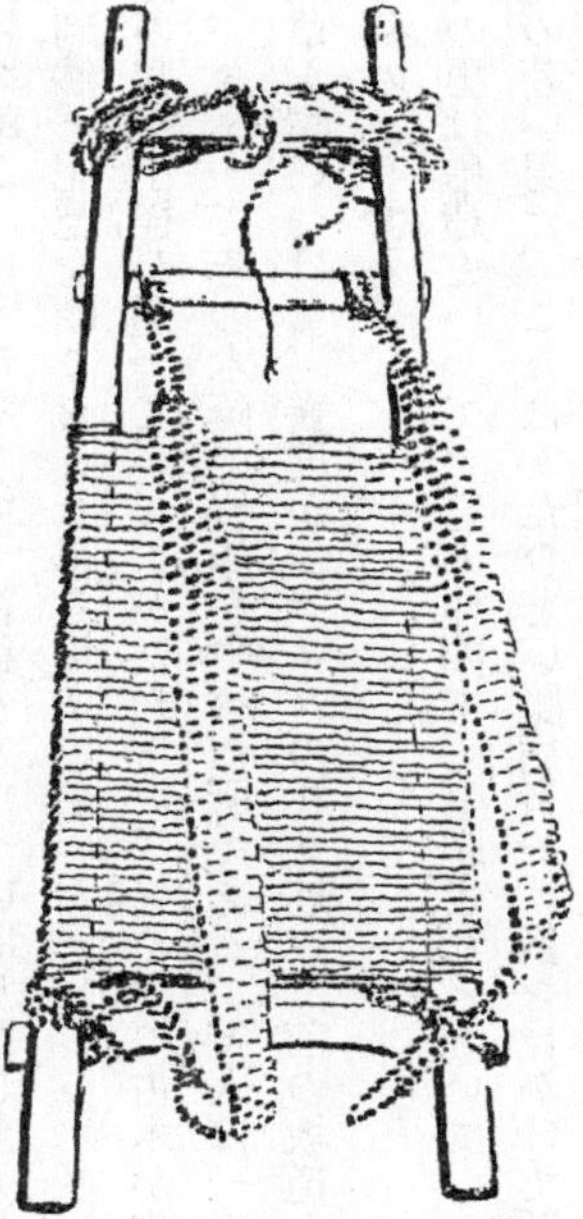

ショイタ（別名しょいこ、しょいわく）

れもない猪であった。おおよそ狙いをつけて撃つと手応えがあって、つい目の前へ草を分けて転がってきたそうで、親猪の方はつい取り遁《にが》した。そこは私の家の田圃の傍で、判然と記憶を喚《よ》びおこし得る場所であった。

田の脇を小《こ》径《みち》が通っていて、かたわらに三叉《みつまた》の杉の古木が立っていた。田植えの折には、きまってその木《こ》蔭《かげ》で昼飯を喰《た》べた所である。狩人は一通り話しおわると、新たに煙草を喫《す》いつけて、幾度かショイタの礼を述べて前の坂道を降りていった。今考えると夢のようである。

その男は亀造といって、狩人仲間でも豪胆者だと聞いていた。いつも相棒になる同じ村の若い男は、これはまたひどい臆病者で、猪を見かけて遁《に》げてばかりいるのだが、この豪胆者のお蔭でいつも旨《うま》い目に遇うとも聞いた。これもその亀造の話であるが、かつて村の某《なにがし》の老爺《ろうや》が、山田の猪小屋で鳴子《なるこ》の綱を引いていると、黙って入口の垂菰《たれごも》を持ち上げて覗《のぞ》きこみ「親父《おっとう》今夜は俺が番をせるぞえ」と声をかけて、ひどくびっくりさせた事があったという。以前からいた強《きつ》い狩人はみんな死んでしまって、もう夜の夜中に一人山の中を歩き得るのは、あの男一人だと聞いていた。

それほどの豪胆者であるが、大切に飼っていた猟犬が、山で何物かに喰い殺された時は、三日三晩も泣き通したそうである。それは赤毛のごく賢い犬で、主人が狩りに出ぬ日でも、一日に一度は必ず山へ入って、兎か狸かを捕ってくる。それがある日山にはいったまま三日経っても姿を見せぬのに、近所の人達を頼んであちらこちらと捜すと、ある岩山の大きな石の蔭に、咽喉《のど》を喰い破られて息切れていた。大方狸かなんぞの、劫《ごう》を経た物の仕業でもあろう、あまりたくさんの獲物を捕った報いだとの噂もあった。その事以来さすが豪胆者もにわかに老い込んでしまったと聞いたが、今でも多分生きているであろう、もう七十幾つかの年配のはずである。

三　猪の禍

秋になって稲が色づく頃には、山田を耕している者は一晩でも安閑としてはいられなかった。わずかばかりの冷田《ひえた》の作代《さくしろ》であるが、文字通り猪の襲来がはげしくて、絶えず脅かされていたのである。収穫間近の煽《あお》られるような忙しい中を、日が落ちてからヤトウを幾十本となく刎《は》いで、なんでも今夜あたりが危ないなどと、暗がりを辿《たど》って、猪の路《うつ》へ立てに行った。ある時父の後から、随《つ》いていった事がある。それは池代《いけしろ》という山田で、あの峰から来るのだと教えられて、真っ黒に繁った雑木山《ぞうきやま》を、不安な目で仰いだものであった。そうして柴山から田の畔《くろ》へ続く崖《がけ》の下へ、矢来《やらい》のように隙

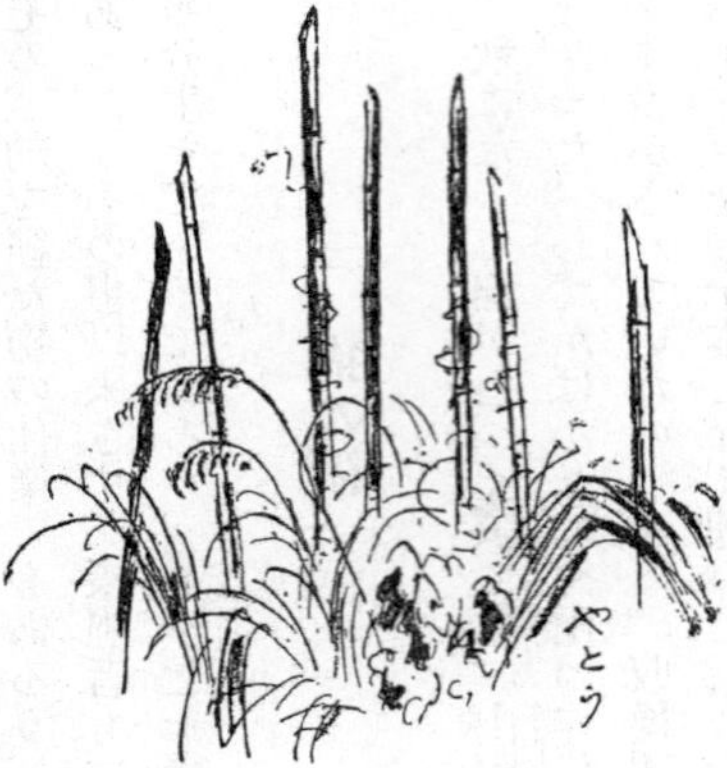

ヤトウ

間なくヤトウを立てた。これもそこでの経験であったが、朝早く父に従って見廻りにゆくと、ヤトウの一本に、黒い血が五寸ほどもにじみついていた。父が手にとって眺めるのを、脇から心を躍らせて覗きこんだものである。

ヤトウは別にヤトとも謂《い》って、矢竹のやや太い物を三尺ほどの長さに切り揃え、穂先を鋭く尖《とが》らせた物であった。表庭の端で麦稈《むぎから》など焚《た》き、一本一本を火に焙《あぶ》って、竹の脂肪を除って鋭くしたのも、古くから続けてきた方法であるらしい。

ヤトウは本来陥穽《かんせい》の中に立てて、陥《お》ちた猪を突き刺すための物の具であったが、別に崖の下や垣根の内側にも置いて、獲物を捕る事にも使った。単に猪を嚇《おど》すための、防禦《ぼうぎょ》の具に用いたのは、むしろせつない時の思いつきであったかもしれぬ。そうしてヤトウの材料にする矢竹の茂みが、まだ山のそちこちに、忘れたように残されてあった。

猪に荒らされた後の稲は、誠に情容赦もない事であった。わけて子持猪にでも出られたが最後、それは目も当てられぬ狼藉《ろうぜき》であった。喰《く》う以上に泥の中へ踏みにじってまれに立っている物も稲扱《いねこ》きにでも掛けたように、粒のことごとくが毟《むし》り取ってあった。猪は稲の幾つかを一口に咥《くわ》えて引きたぐるという。空穂がひょろひょろ風に吹かれているのを見て、思わず涙を零したなどの話も、たびたび聴かされていた。その上にも後の稲の始末が、これまた並大抵の面倒でなかった。それと見た隣の田では、まだ青い穂面を、むざむざ刈り取るもあった。焼米にしても、猪に喰われるよりまだましだと、そうした話もしばしば耳にしたものである。思えば憎い憎い猪であった。日の暮れ方にちょっとした仕事の隙をみて、そっと狩人の家へ頼みに走ったのも、よくよくやるせなくての事であった。

猪一つ捕ってくれるなら、酒の一升ぐらい出してもかえってありがたいと、つい約束もしたのである。鳳来寺《ほうらいじ》村長良《ながら》の一つ家の話であった。それからは狩人が猪を舁いでくるたびに酒一升分の価を払い払いしたが、屋敷廻りの猪は少しも減らない。だんだん様子を探ると、実は酒代の欲しさに、とんでもない遠方からわざわざ廻り道して舁いでくる事が判って、慌てて約束を取り消したという。

村の定吉という男であった。屋敷の脇の甘藷畑《いもばた》へ、毎晩のように猪が出て片っ端から甘藷《いも》を掘る。果ては猪の方が図々しくなって宵の口から来ている。それである晩鉄砲を用意して待っていて、中《あた》りもすまいと思って放したのが、どうした間の悪さかつい撃ち殺してしまった。実は嚇すつもりの仕業であったのだが、夜が明けてみてさすがに当惑した。狐や兎などと異《ちが》って三十貫もある物を、三人や四人の家族で、喰って片づける事もできない。ちょっと動かすにも男一人の手にはあまるほどで、売る事はもちろん、隣近所へ分けて与える事も、鑑札をもっている狩人達の思惑が案じられる。万一警察へでも密告されたら、それこそ辛い目に遇うにきまっている。現にそうした噂話もあちこちで聞いていた。さんざん頭痛に病んだ果てに女房の縁故を辿《たど》って、近所の狩人に情を明かして引き取ってもらったというが、それまで二日二晩の間、猪の骸《むくろ》に莚《むしろ》を掛けて、畑の隅に匿《かく》しておいた。その狩人から、いくばくの代価を貰《もら》いはしたが、そこに運ぶまでの気苦労を考えると、滅多に猪も嚇されぬと零していた。どっちに転んでも農家にとっては厄介千万な猪だったのである。

四　猪垣の事

猪の出る路《みち》をウツといった。猪は田や畑へ出るにも、必ずウツを通ったので、陥穽といえば、きまってウツを目がけて設けたのである。私が子供の頃には、この猪の陥穽が、畑続きの木立の中に、半ば崩れかけて、まだ幾ヶ所も残っていた。多く畑から数間もしくは十数間ほど入り込んだ位置で、穴の直径が六尺ぐらい、深さは二間もあったろう。ある時朋輩の一人が、過ってそこに墜《お》ちて救い出すに弱った事がある。

陥穽は田畑を荒らす猪を防ぐために設けたのであるが、一方それを利用して猪を捕る狩人もあった。上に細い横木を渡して、萱草などを敷いておく。穽《あな》の底には前言うたヤトウを一面に立てておいた。老人の話によると、同じ狩人の中でも腕に自慢の者がやる業ではない。その上にも捕れた獲物も多くは子猪ばかりで、親猪は滅多に掛かるものでなかったと謂う。

子猪の事を別にウリンボウという。姿容《すがたかた》ちが甜瓜《てんか》を思わせる上に、肌に白く縞《しま》が出ていた。それでウリンボウが旨くヤトウに掛かった所は、あたかも盆の精霊送りに作る馬そのままであった。次の話は祖母から聞いたものであるが、ある時隣家の陥穽へ、巨猪が陥《お》ちた事があった。猪は身にヤトウを三本も負いながら、なおさかんに荒れ狂って始末におえない。そこで近所の者が集まって石撲《いしう》ちにしてやっと斃《たお》したそうである。その頃はどこの屋敷の近くにもきまって陥穽が設けてあった。

陥穽へは猪の他に、もちろん他の獣も掛かったが、特に山犬の陥ちた話がそちこちに伝わっている。

もう四十五、六年も前であるが、鳳来寺山麓の吉田屋某の裏手にある陥穽へ陥ちた事があった。その時は村の者が多勢集まって、藤蔓《ふじづる》で畚《もっこ》を作り、四隅に長い綱をつけて穴の底へ下げてやった。山犬がそれに乗るのを見すまし引き揚げて遁してやった。翌日その穴へ大鹿が一匹落とし込んであったのは、言うまでもなくお礼心であった。

山犬が陥穽へはまった時は、中で盛んに吠えるという。私の家の縁つづきになる男は、豪胆で聞こえた狩人であったというが、その噂を裏書するいろいろの話が残っている。ある時屋敷裏の陥穽へ山犬が掛かった。普通なら藤蔓の畚でも下げるところであるが、某は恐れる色もなく、穽の中へ梯子《はしご》を下ろして降りていった。そうしてその山犬を片手に抱いて上ってきてそのまま放してやると、犬は嬉《うれ》しそうに尾を振ってその場を立ち去った。並みいる村の者も某の豪胆にはさすがにたまげてしまった。その折山犬がなんの抵抗もしなかったのは、最初にムズを含めたためだと聞いているが、

ヤヅカ（猪がき）

ムズとはなんの事か判然とわからぬ。あるいは呪文の一種でもあろうか——そういう説もある。明治維新の少しく前の事で、翌朝一匹の大鹿が穽に投げ込んであった点は、前の話と変わりはない。これも山犬の報恩譚《ほうおんたん》の一つである。

話の枝が余計な方へ伸びてしまったが、猪の陥穽とは別に、田や畑を繞《めぐ》って、深い堀が穿《うが》ってあった。猪除《ししよ》けの目的であった。今ではだんだんに崩され埋められて、残っているのはごく稀《まれ》になった。一口にホリンボーなどと呼んだがあるいは別の称呼があったかもしれぬ。外側には、高い垣が築かれて、これは多く石で積み上げ、もっぱら猪除けの垣根と言うたが、別にシシガキともまたワチとも謂うた。

要するに堀と垣とを兼ねた一種の堡塁《ほうるい》で、クネまたはヤヅカの類《たぐい》である。これを一口にワチと呼んだのは、実は誤りであるらしく、この地方で、一般にワチというのは、実は焼畑に繞らした垣であった。杭を二本ずつならべて打ち、それを骨組にして、横木を互いちがいに組んでゆく（図版参照）。もっとも焼畑にかぎらず、山の畑には、どこにもこのワチが繞らしてあった。この方は焼畑のものとは異って、頑丈な杭《くい》を隙間なく打った半永久的な構えで、柵《さく》とでもいった感じである。材料は多く栗の角材であった。損じた部分に次々に杭を補ってゆくので、ところどころ色が変わっていたりした。これを遠くから望むと、遥かな山の斜面に、年を経て真白に晒《さら》されたワチの中に、青い麦の畝《うね》がだんだんに続いていて、一種なつかしい風景であった。鳳来寺村分《ぶん》垂《だれ》の街道に立つと、嶺《みね》という部落の山畑に、この柵が長く続いていたのが、今も目に残っている。

五　猪の案山子

猪嚇しの案山子《かかし》の事は、すでに『三州横山話』にも書いたが、これを一つ一つ観察すると、随分変わったものがあった。案山子はもっぱらソメと呼んでいた。氏神の祭礼に曳《ひ》き出した一丈もある藁人形《わら》を、後に着物だけ剝《は》いで山田へ持ち込んで立てたのもあった。それは日露戦争の凱旋《がいせん》の年で人形はロシヤ兵であったと思う。顔を胡粉《ごふん》で彩色した念入りの物だけに、遠くから眺めると人間でも薄気味が悪かったというから、効果は満点であったかもしれない。また北設楽《きたしたら》郡の田峰《だみね》で実見した物は、藁で馬を拵《こしら》えてこれに人形を乗せてあった。

鳥嚇しの案山子などもそうであるが、以前のように簑笠姿《みのがさ》などはだんだんに見なくなって、メリヤスのシャツを着せたり、経木《きょうぎ》細工の帽子を被《かぶ》らせたりする。そうかと思うとある家では、昔からある古い裃《かみしも》の利用法として、取り出して着せたという。そんなわけで、唄の文句にも、

女郎《おやま》買ひして家の嬶見れば
三里やまおく猪のそめ

あるいは下の句を、布里《ふり》や一色《いしき》の猪のそめなどというのがあった。布里、一色は共に、この地方の代表的な山村だったのである。いずれにしても都市に住む唄《うた》の作者などには思いも及ばぬ恰好であった。

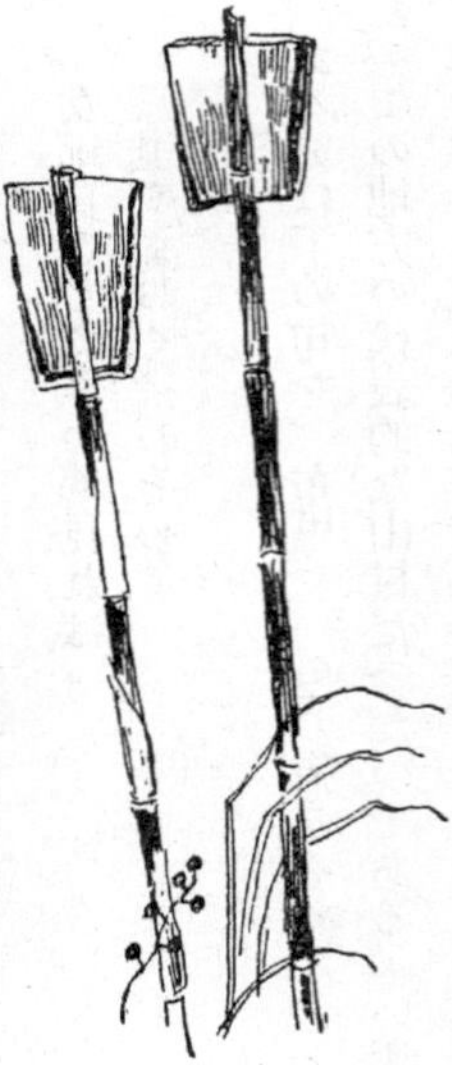

カベ

女の髪の毛を焼いて串《くし》に挟んで立てたり、あるいはカンテラを竿《さお》の先に吊《つ》るしておいた類と同一趣向で、昔からあった物に、カベという一種の火苞《ひづと》があった。襤褸《ぼろ》を芯にして、上を藁や蓬《よもぎ》で包んである。あるいは竹筒に入れて、側面に煙出しの穴を穿《うが》ったのもある。一方の端に火をつけて、畔ごとに立てておいた。それのごく小さい物を、夏分蚊やブヨを除けるために、草刈女などが腰に下げたくらいだから、あのキナ臭い煙で、猪を厭《いや》がらせる目的であった。カベはカコともいい、東京などでいうキナ臭い匂いをもっぱらカコ臭いとも言うた。あるいはまた太い朽木の端に充分火を廻らせて、畔に転がしておくのもあった。どちらも少しぐらいの雨には平気で、二日三日ぐらいは続けて燻《くすぶ》っていたのである。

案山子ではないが、猪除けのワチの変形と思われる物に、山続きの畔から畔へ、鉄条網を張り廻らしたのがあった。これなどは新趣向の一つで、間接には戦争などの影響であった。しかし結局昔通りの番小屋に、刈り入れまで番をするのが、確実でもあり、また手軽でもあった。それで吾《われ》も吾もと新たに小屋を設けて、果ては一目に見通されるほどの窪中に、思い思いの藁小屋が、五棟も六棟も建った事もあった。ただ昔と違ってきた事は、鳴子の綱を引く代わりに、石油の空鑵《あきかん》を叩き、マセ木の代用に、屋根を葺《ふ》く亜鉛板を持ち込んで叩いたりする事であった。そうかと言うて老人のある家では、昔ながらにマセ木を打っていたのもあった。

マセ木は番小屋の中央を仕切って、横に渡した丸太の謂《いい》であった。猪番をする者は炉にあたりながら、手ごろの棒をとって、時折タンタンと叩いては、眠い眠い夜を送ったのである。そうして合間合間に、ホイホイと呼ばったのである。

子供あそびの尻取《しりとり》文句に、「ホイは山家の猪追いさ」などと言うのがあったが、まさにそのホイであった。マセの木の代わりに、板を打つのもあったが、いずれにしても寂《じゃく》とした秋の夜の山谷に、その音が谺《こだま》する時は、憎い猪を嚇すに充分だったのである。思えば猪追う術も昔がなおなつかしかった。まして吾打つマセ木の音に聞き惚《ほ》れたなどの話もあって、ほんとに懐かしい限りであった。

私が子供の頃親しくした老人に、八十幾つまでこの番小屋の泊りをやった男がある。息子達がそれを気にして、老人をあまりに酷使するようで近所の思惑もあるからと、何遍やめてくれと頼んでも諾《き》こうとしない。それで死ぬその年の秋までマセ木を叩き通したそうである。話だけだとあわれにかなしくもあるが、当の老人にすれば、実は猪番が何より楽しみであったそうで、しかも老人には持って来いの仕事であった。こうした労力の利用も以前の山村などではしばしば試みられていたのである。その老人は山口豊作といい、ほんとに朴訥《ぼくとつ》な性質であった。今でもその顔を思うたびに老人が手すさびに打つマセ木の音が、どこか耳の底から響いてくるようである。

六　猪と文化

誰しもそう言うた事であるが、近頃の猪は以前のワチや陥穽時代に較べると、悧巧《りこう》になったばかりではなく、性質も猜くなったと言う。猜くなったと言うのは、畢竟《ひっきょう》性質が単純でなくなった事を意味する。わずかな物の響きにも、変わった物の香りにも、怖《おそ》れ警戒して近づこうとしなかった猪が、たちまちそれ等に慣れてしまう。そうかと思うと、次第に出没が巧妙になって、一夜の間に十里十五里の山の遠国《おんごく》から、峰伝い窪伝いの風のように渡ってきて、その夜の中に再び元の棲家《すみか》へ還ってしまうとも信じられた。猪が出たと聞いて、付近の山を捜したのではもう遅いとは、もっぱら狩人達も言うていた。

軒端に積んだ稲束を襲い、屋敷廻りに設けた甘藷穴を掘り返すなどは、五十年前を考えればなんの珍しい事でもなかったが、当時と比べると、猪の本拠であったはずの山がひどく明るくなった後だけに、猪のみが猜くなったようにも思えたのである。ことにひと頃盛んに山の木が伐《き》られた時を境に、一度はほとんど跡を絶った事実もあったので、その後に出る猪は、全く別物のように考えられたのである。

山の姿が以前と較べてひどく変わった事は、私などの記憶を辿ってみても、著しいものがあった。わが家の裏手の杉木立へ入れば、一丈もある歯朶《しだ》の茂みが続いて、筧《かけい》の径に覆いかかった奇怪な恰好の杉の古木《じゃんか》には、毎年木鼠が巣喰ったのでも想像される。前の畑の畔《くろ》には、夕方になると畑中を一面に影にするような榎《えのき》の大木がそそり立っていた。屋敷内にあった榧《かや》の大木の根際は、近づく事もできないほど、蔓草類が絡み合っていた。そうしてその榧の枝が、表の庭にまで覆いかかった所は、その木一本でも充分山村の風趣があった。これ等は私の家だけの事であるが、村全体を見渡しても、ほんとに山を分けてわずかに家が在った感が深かったのである。

猪が好んで出た山田の畔続きの草場《くさんば》や柴山《しばやま》には、きまって合歓木《ねむのき》が繁らせてあって、それがいずれも古木になっていた。夏分など濃い緑の草生《くさぶ》の中から、白い木肌が立ち並んで、あの紅色の美しい花の咲く頃などは、山の美しさばかりでなく果てしない山の奥深さがあった。草場へ合歓木を立てる事は、草のために宜《よ》いと言い伝えていたのであったが、このごろではそんな事を信じる者はもうなかった。なんでも陽蔭を厭《いと》うて、蔭を作るものは片っ端から伐ってしまった。

歯朶の茂みは下刈りのたびに浅くなり、萱場《かやんば》や藪叢《ぼろう》は切り開いて、猪の立ち寄る蔭もほとんどなかったのである。まして昔は同じように出没した鹿や山犬は、とくに姿を匿してしまって、夜でも汽車の笛を聞くような所へ、出てくる猪の気心がしれなかった。

猪嚇しの案山子にしても、これを追う方法にしても、あまりに雑然としたいかにも心ないやり方であったが、実はもういなくなるはずなのに、まだかまだかで、一日延ばしに日を送っていたせいもあった。

別に説をなす者は、奥地の御料林等が伐採されるたびに、そこを追われた猪が、迷い出るのだとも謂うた。あるいはその辺の消息は事実であったかもしれぬ。現に鳳来寺御料林が払い下げになった年には、付近の村へ夥《おびただ》しい猪が出たともっぱら言うた。

七　猪除けのお守り

ある雨のそぼ降る晩であったと言う。猪の番小屋のすぐ傍で、何やらボソリと変な音を聞いて、ふしぎに思ってそっと垂菰の外を覗くと、畔《あぜ》に沿った井溝《みぞ》のかたわらに、何やら真っ黒い怪物がじっと立っている。初めは狩人でもあるかと思ったが、よくよ

山住さんの札

く星空に透かして見ると、それはまぎれもない一頭の大猪であった。

どんなに番をしていても、ちょっとの間でも油断をすれば、もう猪が出てきたのである。

ある家では人手が少ないために、夜通しカンテラを田圃の中に点《とも》しておいたが、皮肉にも猪はその廻りを選んで喰って通った。ところがその隣の田では、作主が忙しいままに、もはやどうでもなれとて、幾日も構わずに放っておいたが、それには一向寄りつきもしなかった。そんなこんなから、不運の者に限って荒らされるなどとも信じられた。そうかと思うと、ただの一晩、風邪気で番小屋泊りを休んだところが、その夜に限ってひどく稲を喰われたというのもあった。こうなると、屋敷に棲む鼠か猫などのように、そっと物蔭に立って、そこいらの内証話や様子を窺《うかが》ってでもいるように思えたのである。「あの人も運が悪いのん」などと、せっかくの稲を猪に喰われた作主を、女達が同情して囁《ささや》き合うのを、小耳に挿《はさ》んだ事もあった。

今は昔話になった遠江《とおとうみ》の山住《やまずみ》さんの猪除けの御守札を、一人が思い出して迎えてくると、初めの間は嘲《あざけ》ってみても、なんとなしに不安になって、吾も吾もと勧請《かんじょう》に出かけて、田という田の畔ごとにそのお札を立てた。

山住さんは山犬を祀《まつ》ると信じられ、遠江周智《しゅうち》郡奥山《おくやま》村に鎮座する神であった。その山住さんの白いお札が矢串に挿されて、刈り取りを終わった後の田に、畔から畔へ夥しく立っていた。ある男はお迎えに出向いた時、このお札を立てればはたして猪が出ぬかと駄目を押したところ、お札で心もとなくば現はなお姿をお貸し申そうかと、取次の男に嚇《おど》されて、いやそれには及びませぬと、早々に還ってきたという話もあった。しかし奇妙にその年一年だけは、猪が出なかったそうである。そうは言うものの、次の年は誰一人も勧請に行った者はなかったと言うから、村の人々の心持ちも、猪以上に判らなかった。

山住さんのお姿を借りてくれば、猪でも鹿でも田へ近づく物は片っ端から喰い殺して、その場へ転がしてあるとも謂うた。またその期間中は、田圃近くの草の葉蔭や石の上に、見えるともなく凄《すご》いお姿が何かの拍子に顕《あら》われるとも謂う。近頃村の空寺へ住持になってきた山住一派の坊さんは、疑うなら、食い殺させてお目にかけようかと、恐ろしい事を言ったそうである。

私も一度、その坊さんを訪ねてみた事があるが、あいにく不在で会えなかった。それで留守居の婆さんにいろいろ訊いて還るほかなかったが、須弥壇《しゅみだん》の本尊と並んで、榊《さかき》を立て注連縄《しめなわ》を張り、白い幕が下がって山住さんが祀ってあった。中に五寸ばかりの真っ黒い箱があって、それにお姿が納めてあるとの話で、たしか箱の表に右の字が一字記してあった。

中が拝見したいと図々しく頼んでみたら、雑作はないが後で納めるのがむつかしいから、なんなら住持のいる節にしてくれと、もっともらしい言いわけであった。箱から出すと同時に暴れて困るのだそうである。そう言う間にも、婆さんの陰惨《いんさん》な顔つきと右の字を書いた箱の神秘に魅せられるように思ったが、後で聞いた話では、村でも心ある者は住持のやり方に迷惑しているとの事である。一方坊さんには、山住さんがどうしても離れぬとも聞いた。その後寺の後ろの山へ、新しく祠《ほこら》を立てて、祀ったとの事であるが、手近に山住の一派が来られても、猪はまだ盛んに出没するので、番小屋泊りも依然休まれぬと言うた。

八　空想の猪

かつてある若い女房が、朝まだ仄暗《ほのぐら》いうちに村の相知の入りの山へ、刈干《かっぽし》の草を背負いに行くと、行く手に灰色した小豚ほどの獣が現れて、前に立って、コロコロ歩いていく。その時獣の方では、後から人間の来る事などは、一向感づかぬ様子であった。女房も気丈者で、平気で後を随《つ》いて、ものの三丁も行った所で、獣は脇の草叢《くさむら》へ外れてしまったそうである。家へ帰ってからその話をすると、老人からそれこそ猪だと聞かされた。それと聞いてびっくりするかと思いのほか、あんな物が猪だったかと、女は案外な顔つきをして澄ましていたという。

話に聞いたばかりでなく、あらわに田圃の稲を踏みにじったり、ノタを打ち、蚯蚓《みみず》を掘った跡を見せられて、その姿を想像していた者が、ひとたび自然そのままの生態を見た場合には、この女房と同じ物足りなさも感じたのである。寔《まこと》にあんな物が猪だったのである。

私などの記憶から言っても、猪は恐ろしい物、強い獣と、物心つく頃から聴かされていたものであった。ところがある時、屋敷の奥の窪から、狩人に舁がれてゆく姿を初めて見た時は、実のところ同じ幻滅を感じたものである。それでいながらまた一方には、全然別の猪を想像していたのだから不思議である。

幼少の頃八名《やな》郡宇里《うり》の山里から来た杣《そま》が、家に幾日も泊まっていた事がある。五十五、六のごく実直らしい、話好きの男であった。妙な事にその男の話が、何かといえばすぐ狩りや獣の事に落ちてゆく。日数が経って初めて判ったのだが、前身は狩人だったのである。どうして斧《よき》を持つようになったかはつい聞く機会がなかったが、およそ一ヶ月ほどの間に、数限りなく狩りや獣の話をしてくれた。その中で今に忘れられぬほどの感動は、猪と鹿との性質の比較談であった。山の岴《たわ》などを遁げてゆく鹿を撃つ時、旨く急所に当たると、文字通り屏風《びょうぶ》を倒すごとく転がって、なんとも言われぬ爽快であるが、猪の方だとそう簡単には参らない。いかに急所を撃たれても、決して鹿のような倒れ方はしなかった。弾丸を受けてからもなお二、三歩肢を運んで、静かに前屈《かが》みにつくばいこむと言うのである。その話を聴いていると、あたかも身に数々の矢玉を受けた剛勇の士の最後を見るようで、いかにも猪らしい態度が、名実共に適《かな》ったごとく感じられたものであった。

あるいはまた恐ろしい手負猪の話もあった。これに掛かったら最後命はないのだと聴かされて、牙《きば》を剝いた物凄い姿を胸に描いてみた。その恐ろしい手負猪を、傍へ引き寄せてから旨く引き外して、後ろの谷へまっさかさまに、突っこかしたという村の某の逸話に限りない快哉味《かいさいみ》を覚えて、いつまでも信じかつ幾度か人にも語ったものであった。

そうかと思うと劇《はげ》しく猟犬を追い捲《まく》るという話を、恍惚《こうこつ》として聴き入ったものである。幾度聞いても厭《あ》かぬ興味を覚え、そのたびに空想の世界が、だんだんと枝を張って伸びていった。

九　猪の跡

狩人の話では、猪は夏から秋の初めにかけて、カリに着くという。カリは峰近い萱《かや》場《んば》の藪叢《ぼうう》などのやや平坦な地を撰んで作った猪の寝床であった。地面を長方形に穿って、その中には落葉や枯草を敷き、上にはやや丈の長い萱の類を橋渡しに覆《おお》うて、そうして出入りは一方の端からする。

カリはまた山の中腹にもあったが、窪合などの湿地は避けたのである。虻や蚊の襲来を防ぐ目的からだと謂うたが、子もまたそこで育てたので、生まれて間もない子猪が、カリの近くに斃れている事がある。まだ肌に毛を生じない頃には、蚊や虻に刺し殺されるのだと謂う。

萱場は文字通り萱立場で、屋根葺きの材料にする萱が六尺以上にも伸び密生して、足を踏み入れる事も叶《かな》わぬような所である。

木といっても、栃《とち》や楢《なら》の類が疎《まば》らに立っているくらいで、ほとんど他の植物は生える余地がない。間々虎杖《いたどり》が混じっていたくらいのものである。藪叢は山にはよくある人間の手のまだ及ばぬ一廓《かく》で、茱萸《ぐみ》、あけび、山葡萄《すえび》、その他名も判らぬ蔓科の植物が、互いに絡み合って、鬱然《うつぜん》と塚のようになって、陽光も中へはろくろく通さぬほどであった。秋になるとそれ等蔓類の実が一時に色づいて、鳥の群なども自ずと集まってきた。自然の恵みの豊かな所で、狸などの穴もそうした所に多い。こういう場所がやはり猪の屈竟《くっきょう》な隠れ場所であった。

猪がノタ（ぬた）を打った跡も、狩人は注意を怠《おこた》らなかった。猪のノタ場は窪合などの踏んでもすぐ水の浸むような湿地で、グシャッタレという名があったほど、じめじめした所であった。地形から言うと沢谷の奥の行き詰まりなどに多かった。いつであったか村のネブッツブの山でそれを見た事がある。子供の頃で、判然と記憶にないが、なんでも一ヶ所ひどくこね返して、田植えの植代《うえしろ》を掻《か》いた跡のように、上に澄んだ水が溜《た》まっていた。その折聴いた話であったが、猪は体の熱《ほて》りを冷ますために、時折やって来ては体をそこに漬けると云う。

山にはまた、猪がノタを打ちかけた跡というのがあった。両方から谷が迫った中の、わずかに径を通じた所などで、ちょっと進む事もできぬほどに踏み荒らして、肢跡の一つ一つに水が溢《あふ》れていたりした。「まんだ昨夜《ゆんべ》出たばかりだに、そこいらにいるずら」などと言うた。肢跡の蹄《ひづめ》の先が尖った物ほど若猪で、円みが多いほど古猪であるから、すぐ大小の判別ができるという。

あるいはまた山の嶺《つるね》などの、平坦な草刈場を畑のように掘り返す事もあった。蚯蚓《みみず》や地虫を捜した跡というが、シャベルででも行ったように土が一塊りずつ掘り返してあった。

そうかと思うと、木の根を掘り石を分けて、自然薯《じねんじょ》を掘った。せっかく秋の頃に目《め》標《じるし》の麦を播《ま》いておいたのに、猪の奴に先を越されたなどと、自然薯掘りが口惜しがった。山の栗などもそうであった。猪の荒らした後には、ほとんど一つとして実のある物は残っていなかった。ことごとく落葉を分けて捜し出してしまう。時たまあったと思えば、中の実だけが旨くえぐり取ってあった。

昔は床下の地虫の類《ごっとう》まで掘りにきたと言う。それで朝起きて見たら背戸口の土台がひどく掘り返されていたなどと言うた。山沢に出て蟹《かに》を漁《あさ》り、一方では蛇・蝮《まむし》も食ったと言うから、なんでもござれ好まぬ物なしの猪であった。

一〇　猪に遇った話

猪が人間の近づいたのも知らずに、大鼾《おおいびき》で寝ていた話は、よく耳にした事である。七、八年前、あけびを採りにいって、猪に出くわしたと言う女から、当時の状況を詳しく聴いた事がある。山国とは言っても、狩人以外で、生きた猪を間近に見た者は、いたって少なかったのである。

村のジベットーの山は、深い谷で谷の底に沢が一筋流れていた。その沢を跨《また》いで繁った藪叢《ぼうう》の一叢に、あけびが鈴生《すずな》りに下がっていたそうである。女は萱の葉を押し分けて近づき、今一息であけびの下へ出られるとあせり気味で、ひょいと脚もとを見ると、一むら萱の葉が横ざまに倒れているまん中に、真っ黒い獣がどかりと寝ていた。はっと思った瞬間ゴロゴロと猫のような鼾《いびき》が聞こえたそうである。一目見るなりあとはどんな恰好でどんな風に寝ていたかも一切夢中で遁げてきた。一図にあけびの実に目を奪《と》られて、傍へ行くまで気がつかなかっただけに、その驚き方も劇しかったのである。それにしても、紫色に熟れ下がったあけびと、枯萱の中に眠る猪の対照は、思いがけない一幅の絵であった。その上にもあけびの蔓の絡んだ木の枝にいろいろの小鳥の群を配したなら、さらに美しい画面が展《ひら》けた事であろう。

絵にはならなかったが、次の話も数尺の距離から猪を観察した、耳新しい実見談である。村の某の男であった。鳳来寺村分垂《ぶんだれ》の山中で、一人で炭を焼いていると、午過《ひる》ぎ頃とも思う時分、何やら近くの歯朶を踏みしだいて山を降《くだ》ってくる物がある。木間《このま》からそっと透かして見ると、今しも一頭の巨猪《おおじし》が、静かに炭竈《すみがま》の方へ近づきつつある。

とっさの事で、遁げる間も隠れる隙もない。飛び掛かったらそれまでのこと力の限り撲《う》とうと肚《はら》を据えて、炭木をかたく握って身構えしていたそうである。しかし猪は男を見ても格別驚いた様子もなく、静かに炭竈の脇を通り抜けて、下へ向けて降っていった。事実はただこれだけであるが、某の説明によるとその猪は劫を経た恐ろしい古猪であった。毛並は灰色《はいいろ》というよりもほとんど白くなって、背から胸へかけて、松脂《まつやに》でも塗っていたものか、まるで岩でも被ったようであったと言う。この話はどうやら講談に出てくる狒々《ひひ》のようで、にわかに信じ難い節もあるが、実見者はかたく信じて疑おうとしなかった。もっとも猪が松脂を塗る話は他にも聞いた事がある。しかもこの話には、その猪をただ物でなくするに充分な傍証も絡んでいた。数日前からそちこちの山で、幾組もの狩人を悩まして、弾丸《たま》も三つ四つ喰っているはずなのに、どうしても捕える事のできぬ出没自在の古猪があったが、多くの点がそれに符合していたのである。

その後その猪はいかにしたか消息はついに聞かなかったが、恐らく撃たれたにしても、ただの殺され方はしなかったであろう。一方話の方は、実見者が平素無口な実直者だっただけに、そのままに信じられて、次第に松脂のような箔《はく》をつけて、永く語り伝えられる事であろう。

山深い土地に住んで、猪とは絶えず交渉をもった人達でも、冷静な態度でその生態を観察していた者はいたって少なかった。自然のままの生態には、舁がれていく骸などとは異って、一種の威厳と言うのかとにかく犯し難い何物かを備えていたことは事実である。多くの場合に見た目以上に、語ろうとした点もまたあった。そんな事から獲物として以外には考えぬはずの狩人の多くが、すでにその傾向を多分にもっていたのである。

一一　猪狩りの笑話

これも私の知っている一人であるが、初めて猪狩りの勢子《せこ》になった時、猪が恐ろしくて大しくじりをやった話をなん遍となく語って聞かせた男がある。

話の筋はこうであった。狩場に着いてただ一人になると、猪が吾が方へばかり来るように思えて不安でならない。やがての事に隣の窪でドンと一発筒音が響いて、ホーッと相図の矢声が聞こえてきた。それを聞くとにわかに恐ろしくなって、夢中で傍の栗の木へ駆け上るなり、今か今かと下ばかり覗いていた。もう猪を撃とうなどの気持ちは、とっくにどこかへ飛んでしまったのである。

すると、またもや近くで一発筒音がして、それと同時にすぐ後ろの草叢からドサドサとえらい地響きを立てて何やら躍り出したものがある。予期しない場所に予期しない事だけにびっくり飛び上がった拍子に足を踏み外して、根元へしたたかに尻を打ちつけた。その瞬間だったそうである、一方を追われた猪が落ち延びてきて、男を尻目にかけ悠々と嶺《つるね》へ向けて走り去った。だんだんと考えると初め地響きを立てて躍り出したのは、実はそこに眠っていた子猪たちが、筒音に驚いて遁げ出したものであった。お蔭で腰骨を打った上仲間には笑われたり怒られたりして、猪追いにはもうこりごりしたというのである。

自慢話などと異って、当の本人の失敗談だけに、聴く者の興味は深かったが、実は同じ類の話を、他でも聞いた事がある。あるいは臆病者について廻った笑話の一つであったかもしれない。私が初めて聴いた時の記憶では、まだ年が行かなかったためか、充分おかしみがのみこめなくて、かえって、傍にいた大供達《おおども》が、ゲラゲラ笑っていたものである。

男の名は鈴木戸作というて、本業は木挽《こび》きであった。元来話好きの男で、話の種を不思議なほどたくさんもっていた。私の家で普請《ふしん》の時には、前後百日あまりも泊まっていたが、その間、いくらでも新しい話を供給してくれた。この話などもその中の一つで、面白おかしく聴かせてくれたものであった。

男もよし腕もよし、その上愛想がよくてどうした因果で木挽きが罷《や》められぬだろなどと、自分から言うていたほどで、その頃もう四十五、六であったが、女房ももたず、近間の村から村を渡り歩いていた。よくよくののんき者さなどと、蔭で笑っていた者もあった。また戸作の嘘話かなどと、頭から貶《けな》してかかる者もあった。仕事を頼みたいにも、どこにいるか判らぬなどと言うたほどで、きまった家とてもなかった。その頃私の家に古い三世相《さんぜそう》の本があって、身の上を判断してやると喜んで聞いていた。数年前郷里へ帰った時、何年ぶりかで途中で遇ったら、叮嚀《ていねい》な挨拶をして、貴方がいつぞや五十六になれば身が固まると言うて下すったが、お蔭で家を持ちましたと言われて、いささか面喰らった事があった。

ごくのんきそうに見えたが、身の上を聞くとそうでもなかった。なんでも親がひどく年老ってからできた子供で、兄弟達から邪魔者にされ通して育った。父親も他の兄弟達の手前家に置くわけにいかないので、七つか八つの時分に親類へ預けられ、そこで子守りをさせられながら育った。ほんに俺ほど苦労をした者はなかろうと、案外な話を聞かされた事もあった。

余計な話が長くなったが、前言ったような滑稽《こっけい》は、何も戸作のしくじり話ばかりでなかった。実は多くの狩人に共通の経験であったかと思う。ある村の物持ちの主人が猪狩りに興味をもって、いっぺんやってみたくてたまらず、わざわざ真っ白い鹿皮の裁付《たっつけ》を拵えて、凛々《りり》しい狩装束に装うてみても、いざとなるといつも尻込みしてついただの一回も現場を踏まずに終わった。この話なども対手が素人《しろうと》で物持ちの主人であるだけ、一段と興味を唆《そそ》るものがあった。

一二　昔の狩人

猪の話に直接関係はないが、狩人の話のついでに、珍しくもない、昔話を一つ付け加える。ある時、ある所で一人者の狩人が、夜業に炉辺で翌日使う鉄砲丸を、茶釜《ちゃがま》の蓋《ふた》でせっせと丸めていた。すると向いの炉縁に飼い猫がちゃんと坐《すわ》って、じっと手つきを見入っている。丸が一つ出来上がって脇に置くたび、前肢を上げて耳の後ろから前へ一回越させる。

翌朝狩人は早く起きて、狩りに行こうとして炉の茶釜の下を焚《た》きつけたが、不思議な事に前夜使ったはずの茶釜の蓋がどうしても見つからない。しかもその朝に限って飼い猫の姿が見えなかった。狩人はそのまま仕度をしてまだ暗いうちに家を出た。だ

昔の狩人の装束

んだん山へはいっていくと、行く手の岩の上にある松の大木から、何やら怪しい光物がするので、早速丸込めして狙い定めて放したが、一向に手応えがない。

　次から次へいくら撃っても手応えがなくて、とうとう有りったけの丸を使い果たし、最後の一発も放してしまった。するとその時初めて何やらチャリンと金物の落ちる音がした。ところが怪しい光物はまだするので、別に取って置きの丸を込めて撃つと、今度は確かに手応えがあった。近づいてみると、一匹の猫が頭を撃ち抜かれて斃れている。よく検《しら》べると、それは朝方姿の見えなかった飼い猫であった。しかも傍には失った茶釜の蓋が転がっていた。猫は茶釜の蓋で、前夜作られた丸の数だけ防いだが、取っておきの丸を知らずに蓋を捨てたところを、狩人は別の丸で撃ったのである。その丸は黄金であって、その偉力で妖怪を亡ぼしたのだと説明する向きもあるが、要するに員数外の丸に意味があったのである。

実はなんでもない化け猫の話であるが、ただ私がこの話に興味をもつのは、話の中にもある通り、私などの記憶にある頃にも、狩人の中には、茶釜の蓋で、鉄砲丸を拵えていた者がまだあった。木型に流しこんだ鉛を短く切って、それを木の根株などで拵えた頑丈な台の上にならべ、茶釜の蓋で圧《おさ》えながら、ゴロゴロ丸薬でも作るようにやっていたものである。近くの家の主人が時折そうして造っていた。元込みの旧式な火縄銃を持っていた。家が昔ながらの狩人で、若い頃には背戸の山で猪を撃った事もあったと言う。私などの知っている頃は滅多に狩りに出るような事はなかったが、ただ鑑札だけは毎年受けていたようである。平素は農業熱心で、遊ぶ事が何より嫌いだと噂されたほどの男であったが、どうかすると、ぶらりと鉄砲を舁いで山へ出かけたのである。そうして一日山を歩いてくると、なんとなく気が楽になると語った。

この男などの服装が、やはり昔の狩人の姿であった。鹿皮の裁付を穿《は》き背に木綿のイジコ袋を負い、腰には昔風の山刀を帯んでいた。さすがにもう藁の舟底などは被らなかったが、常に火縄は手放さなかった。

専門に狩りをする者は、いずれかというと服装なども、だんだん新しくなる傾向があったが、年に一度か二度しか出ぬような者が、かえって昔のままの物の具をそっくり使っていたのである。実は狩りとは言い条気晴らしに行ったのだから、道具などなんでも構わなかったのであるが、そうした事から古俗が保存された事も興味ふかい。

私の家などにも、火縄銃が一挺《ちょう》あって、別に粗末な鞘《さや》に納めた山刀も一振りあった。やはり祖父の代までは、時として気晴らしに山へ行く事もあったそうである。

一三　山の神と狩人

狩人が猪を撃った時は、その場で頸の怒り毛《いかげ》を抜いて山の神に捧げるのが、古くからの作法であった。その方法はまず手ごろの木を切って皮を剝ぎ、尖《さき》を割って串を作り、それに毛を挿んでここと思う位置に立てるのである。別にその場で臓腑を抜いて祀る事もあったが、猪の場合はもう稀であった（詳しくは鹿の項に譲る）。その折の唱え言なども、多くの狩人が忘れていた。ただ実直な狩人の中には、人に物言うごとくに、よう猪をお授け下された、と唱える者もあったと言う。

山の神を祀る事は、狩りの前にもしばしば行った。幾日山を歩いても、さらに獲物に遭遇せぬ時は、一旦家に還って、出直したのである。そうして山口に地を選んで、手近の常緑樹《あおき》の小枝を二、三折敷いて、その上に酒を灌《そそ》ぎかけて祭った。「山の神様猪をシナシて下され」と唱えたというが、これは何も猪狩りに限った作法とは限らなかった。シナシて下されは狩言葉で、獲物に巡り合わせ給えの意であった。あるいはまた獲物を目前に見て祭る事もあった。多くは巨大な古猪などの場合で、首尾の懸念される折であった。方法も前と大して変わりなく、一同残りの酒を酌み交わして出かけたのである。

山の神は女性であるとは、もっぱら言い伝えられた事で、山の木の葉一枚も惜しまれると謂うたが、あるいは一眼一本脚の巨漢《おおおとこ》であるとも謂うた。鳳来寺の山中でこれに遭遇した者があったと謂うが、久しい前で、しかも詳しい事は伝わらない。そうかと思うと、同じ山中で永年狩りを渡世にしていた丸山某は、四里四方にわたるという森林中をほとんど到《いた》らぬ隈《くま》なく跋渉《ばっしょう》して、人跡稀《まれ》な山中に夜を明かした事も幾度か測り知れぬが、ただの一度も遭遇した事がないから、昔の人の嘘だと断言した。しかし獲物を取り匿される事だけはあったと言う。何物のせいか判らぬが、確かに斃したにも拘《かか》わらず、谷を渡って近づいてみると、もう影も形も見えぬ事があった。

中にはほど経てから山犬などに荒らされているのを見出す事もある。そうかと思うと、幾度も捜索して、確かになかったはずの所に、半分腐っているのを後になって発見する事もあった。いずれにしても目の迷いなどとは断じられぬ、山の不思議はたしかにあった。それで結局は山の神に匿《かく》されたとも言うのである。

同じ山の西麓、玖老勢《くろぜ》村の某の狩人は、斃した猪の行方を索《もと》めあぐんで、諦めて還りかけると、誰やら後ろで呼ぶ者がある。振り返って見ると、全身毛だらけの大男が立っていた。もはや遁げるに遁げられずそこに立ち竦《すく》んでいると、大男は静かに傍へ寄って何やら問いかけた。よくよく聴いてみると、頻《しき》りにどこの者だと訊ねているのである。だんだん話してみると、実は三十年前に家出した、同じ村の豆腐屋某の倅《せがれ》である事が判った。どうして山で暮らしていると訊《たず》ねると、初めは木の実を拾ったり、木のあま皮を剝いで飢えを凌《しの》いだが、今ではなんでも捕って食うようになった。そうこうする中に、何時か体中に毛が伸びてしまったと語ったそうである。大男は別れる時、俺に遇った事は、決して喋《しゃべ》ってくれるなとかたく念を押した。その一部始終をその狩人が臨終の際にはじめて傍の者に語ったそうである。一方見失った猪の行方はどうなったか、山の男と関係があるようにも思われるが、それについてはなん等伝わっていない。

私にその話を語ったのは、今年七十幾歳になる老媼《ろうおう》であった。子供の頃に母親から聴かされたそうであるが、恐ろしい事に思われて以来誰にも語る事がなかったという。

一四　猪買いと狩人

撃ち取った猪は、その場で臓腑を抜く事もやったが、多くは池や沢のほとりへ舁ぎ出したのである。今でもはっきり目に残っているが、日の暮れ方にがやがや話し声を前触れにして、泥まみれになった狩人達が、屋敷の奥の窪から出てきた事がある。中には体の前半分が泥になって、びっこを引いた者もあった。その中に肢をしっかり棒に結え着けられて、逆さに吊るされた猪が、二人の狩人に舁がれていた。傍を犬たちが元気よく走ってゆく。一匹の赤毛の犬は、牙に掛けられたのか横腹が破れて腸が少しくはみ出していた。そら猪が通ると言うて、われがちに駆け出して見たものである。

猪の臓腑を抜いて、猪買いの来るまで川水に浸《つ》けておく場所があった。そこを猪漬《ししう》てと謂うた。村の藪下《やぶした》という家は、代々狩人で、窪合の陽もろくろく射さぬような屋敷であったが、よく狩人たちが集まっていた。入口に太い柿の木が幾株もあって、その下を小川が流れて、そこが猪漬てになっていた。私が子供の頃はもう名称だけであった。両側を石垣で囲んだちょっとした淵《ふち》で、蒼《あお》く澄んだ水の底に、鰭《ひれ》の紅《あか》い鮠《はや》が幾つか泳いでいた。以前は日が暮れてから、毎日のように松明《たいまつ》を点して狩人たちが立ち騒いでいたものであったという。次の話はもう五十年も前であるが、暮れ方を多勢の狩人が集まって臓腑を抜いていると、犬たちが向こう岸から、頻りに鼻を鳴らしていた。それと見た狩人の一人がホラと言うて臓腑の一片をそこに投げてやった。と、その瞬間であった。いつどこから来ていたのか、傍の柿の枝から鷹が翔い下って、アッという間に宙に攫《さら》っていった。これには居合わせた一同も呆《あき》れたという。こうした光景なども、獣がいなくなった今日では、もう想像も能《あた》わぬことである。

その頃は冬になると、いつ行っても、猪の二つ三つは漬けてあった。ある時村の某の狩人が、珍しい巨猪を撃って、臓腑抜き三十五貫もあるのをそこに漬けておいた。それを新城《しんしろ》の町から来た猪買いが、えらい事をやったのうと言いながら、岸に踞んで指頭で突っついて見ていた。そのうち後ろ肢を掴《つか》んだと思うと、片手でずるずるとわけもなく水から提げ出した時は、居合わした狩人もたまげたと言う。それは金槌《かなづち》と言う力士上がりの男で、江戸の本場所で三段目まで取り上げた事のある力持ちで評判の男であった。

その頃は、捕った猪はそのまま売ってしまって、肉を食ったり切り売りにするような事はない。そうして獲物のあった夜は、山の神祭りをやるが、これを日待《ひまち》といって、臓腑を煮て喰ったのである。肉を喰う時には、信州《しんしゅう》の諏訪《すわ》神社から迎えてきた箸を使う。諏訪神社の箸を使えば穢《けが》れがないと謂うのである。前に言うた猪漬《ししう》ての傍の屋敷は、狩人の先達とかで仲間がよく集まって日待を行ったものである。そんなわけからして、なにかと人出入りが多くて、いつ行っても、一人や二人はきまって遊んでいたものである。

猪の臓腑を抜く時、第一に目指すのは、その胆《い》であった。猪《しし》の胆《い》というて、万病に霊験ありと信じられた。村でも物持ちと言われるほどの家には必ず購《か》って貯《たくわ》えてあった。また狩人自身も貯えていた。糸で結えて陰乾《かげぼ》しにしておいて、必要に応じて小刻みに刻んで用いたのである。しかし多くは肉と一緒に、猪買いの手に購《あがな》われていった。それで時とすると肉全部よりも一個の胆の方が高く売れたそうである。明治になった後でも胆が一個七十五銭であるのに、肝心の猪の骸は二十五銭ぐらいの事もあったと言う。

これは珍しいと言われるような大猪の胆であれば、物持ちへでも持ち込んで、米の三俵や五俵に代えるのは造作もなかったと、狩人の一人は語っていた。今考えると嘘のような話である。

一五　猪の胆

これも猪の胆の話でつい近頃の事である。水力発電所の用水路へ、開設初めの年に、猪が幾頭も陥ち込んだ事があった。朝になって水門口に掛かっているのを番人が発見したのである。陥ちた猪は所員達が役得として肉を喰ったり人にやったりしたが、その中に一人土地出身の者がいた。

もちろん肉の分け前にも与《あずか》ったが、ひそかに胆を取って、他の連中が知らぬままに、これだけは一人占めにした。社宅の縁側の庇《ひさし》に吊るしておいて、子供が腹が痛むなどと言うと、少しずつ刻んで呑《の》ませていた。そのためか、他の連中が揃って下痢をやった際も、この一軒だけは医者にもかかることなく済ましていた。ある時所員の一人がその家へ遊びにきて、座敷に寝転んで世間話をしていた。仰向いている間に、見るともなく庇に吊るした黒い干乾びた物を見つけた。これは全体なんだというような事から、家人もやむなく事情を語ると、始終を聞いてひどく口惜《くや》しがったそうである。

万病の霊薬と言うものの、実際に効験があるのは、腹痛ぐらいであるとも謂う。今から考えると、明治三十六、七年頃までは、猪の胆に対する一般の信望が、近在の医者殿などより遥《はる》かに上であった。急病人がある折など、第一ばんに猪の胆を与えたか否《いな》かを確かめたくらいで、これを与えても顕の表れぬ場合は、よくよくの重病か不運として諦めたのである。

これも猪の胆の効験譚であるが、ある時茸《きのこ》の毒にあてられた男が、座敷中を転がって苦しがった末に、やっと落ちついたと思ったら、今度は堅く歯を喰いしばって、そのまま応答もなくなった。そこへやっと猪の胆が届いたのに、早速釘抜きの柄で歯をこじ開けて、水に浮かせた蒼黒い塊を注ぎ込むと、たちまち正気づいたと謂う。あるいはまた二日二晩苦しみ通した病人が、ひどい熱で、どうやら朝までは危ないと、にわかに夜更けに身寄りの者へ飛脚を出す騒ぎになった。ところがほんの一足違いに、猪の胆を持って駆けつけた者があった。それで大急ぎで呑ませると、飛脚の衆が村はずれの峠へ、やっと差しかかったかどうかと思う時分に、もうおそろしいまでの通じがあって、そのままけろりとしたという。もう飛脚の要もあるまいと、慌てて喚《よ》び返すためのまた飛脚を出す騒ぎであった。そうして夜の白々明けには、それ等の飛脚衆が笑いながら還ってきたという話もある。

山国のことで、猪の胆などいかほどでも手に入りそうに思われるが、以前の村の生活では、必ずしもそう簡単には運ばない。そこに霊薬の尊さがあった。そんなわけで平常から貯えておくなどは、物持ちと謡われる人たちでもない限り、叶わぬものとされていた。私の知っているある女は、深夜に狩人の家を叩き起こして、わずかばかり紙にひねって渡されたのを、しっかり掌の内に握り締めて、山路二十町を一飛びに飛んで還ったものであったが、その時ほど心強い事はなかったという。ちょうど五月田植えの最中で、明日はいよいよ植代を掻くというその晩方から、にわかに亭主が腹を病み出してえらい苦しみようである。それを一心に介抱しながらも、一方田の植えも気がかりで、とやかくと仕事の手順を考えてみた。万一このままで明日植代が掻けぬとなると、後の手順が全く狂って、近所隣の見舞いもうけねばならぬ。それは辛い事だ、朝までにはこの人を快《よ》くせねばならぬと健気《けなげ》にも覚悟を決めた。それには猪の胆の力を借りる以外に方法はないと、病人の少し落ちつく気合を見てとって、隣村の狩人の家へ走っていった。

そうして猪の胆を手に入れて還って、さて病人の枕もとに坐って、小皿《てしお》に浮かせた黒い小さな塊を押し戴《いただ》いた時の気持ちは、譬《たと》えようもなくありがたかったと言う。しかし後になって、その代を払うには、他人に話されもせぬほど、女の身でえらい難儀をしたと語って聞かせた。わずか七十五銭の金だったそうであるが、それを支払うのに、朝まだ他人の眠っている間に、一里近くもある隣村まで背負っていって、一把二銭何厘に売り売りした薪《もや》の代を貯えて済ませた。その間かれこれ夏中かかったが、男はよもやそんな苦心は知るまいと、口惜し気味に付け加えた。これなどは猪の胆をめぐるかなしい挿話の一つである。

一六　手負い猪に追われて

なんというても猪の話では、猪狩りの逸話が最も華やかであり爽快《そうかい》でもあった。旧幕府時代から鳳来寺三禰宜《ねぎ》の一人として、山麓の門谷《かどや》の旧家に生まれた平沢利右衛門という男は、六十年も前にすでに故人であったが、今に噂に残る狩り好きでかねて猪狩りの名人で通っている。体格も勝《すぐ》れ人品も備わって、若い頃は本朝二十四《ほんちょうにじゅうし》孝《こう》の勝頼《かつより》を見るようであったというから、その武者ぶりも自ずと想像される。しかも豪胆この上もなかったというから、狩人には申し分のない男で、いつも下男を供に伴われて出かける慣いであったという。そしてまたいかなる猛猪に遇っても必ず撃ち止めて、かつて後ろを見せた事はなかった。ところが、この主人とは逆にお伴の下男の方は、おきまりのひどい腰抜け男であった。いつも狩りの供と聞くと、また今日もかと言うては零すのが癖であった。

その剛胆者で通った主人の利右衛門が、生涯にたった一度手負い猪に追いかけられてひどい目に遇わされた事があった。しかも田圃へ続く柴山を、転がるようにして遁げたというのだから、まさに一生の不覚であった。その話というのは門谷の高徳《こうとく》の山の出来事であった。一頭の巨猪を撃ち損じて、その猪が手負いになって、凄い勢いで追いかかってきた。それと見た下男はいち早く逃げて無事であったが、一方主人は柴山から、田の脇の路を一散に走って遁げた。手負い猪はそれをどこまでもと追いかかって、まさに背中へ牙が及ぼうとまで迫った時、あたかも目の前に、根元に馬頭《ばとう》観音の石像を祀った四手《しで》の大木が立っていたのに身を交わし、やっと根元を廻って牙を避けた。そうして遁げるのを猪はなおもと追いかける。こうして人と猪とが大木をくるる独楽《こま》のように廻って、ついに七廻りまで廻って遁げたというから、随分劇しい働きであった。その中利右衛門はいつどうして火縄の手捌《てさば》きをやったものか、物の見事に後から一発、さすがの巨猪を斃した。後から一発はちと訝《あや》しいが、実は劇しく廻って遁げる間に、人の方が猪を追いかけるような態勢になったと言うのである。これはどうやら爽快の域を通り越して、話になったのは惜しくもあるが、実はその働きぶりを、下男が遠くから見物していたのだそうである。

利右衛門は家柄もよく身分もまた人に崇《あが》められる禰宜殿であったが、生来の殺生好きで、夏分は毎晩のように、下男を伴《つ》れて川へ網打ちに行くのが仕事であった。自分の村には網を入れるほどの川がないので、山路一里半も越えて、隣村の寒峡川《かんさ》へ出かけたのである。

この網打ちにも豪胆を物語る逸話があった。それはある晩の事横山《よこやま》の寄木《よりき》の瀬にかかると、岩の間に溺死人《かわながれ》が引っ掛かっているのを知らずに踏みつけた。しかし、格別驚いた様子もなく「なんだ溺死人か」と一言つぶやきながら二度まで胴中を踏んでみて、そのまま川を降って常に変わらず網を入れたという。

現在生き残っている老人連の話によると、年をとるにしたがって、狩りの自信ばかりが強くなって困ったと言う。他人がせっかく撃った物まで、獲物と見れば、なんでも俺が撃ったものだと、言張って仕様がなかったそうである。筒音《ほう》を聞くときまって出かけてきて、俺が撃っておいたが、よく運んでくれたなどと、呆けるのか真にそう思い込んでいるのか、無体な事を言い出して始末に負えなかった。対手が対手だけに、泣き出しそうになった狩人もあった。その頃は、鬚《ひげ》も髪も真っ白い凄いような老人ぶりであったそうである。こうした比類ない豪胆な狩人のあった一方には、常に他人の笑い話の種になるほど、意気地のない狩人もあった。

これも鳳来寺村玖老勢《くろぜ》の話であるが、遠山某という代官上がりの男は、大達《おおだて》の山で手負い猪に掛けられて、臀《しり》の肉をひどく喰われて、半死半生の目に遇い、それが因でついに命をも縮めたと言う。猪が人間を喰った話は信じられぬから、畢竟《ひっきょう》嚙まれたとか、牙にかけられた類の話を誤り伝えたものと思われる。明治初年の事で、平素から村の者にあまり好感をもたれない男だっただけに、ことさら興味深く笑話の種にされたのは気の毒であった。

一七　代々の猪撃ち

人品骨柄はあるいはどうであったか知らぬが、伊那《いな》街道と鳳来寺道の追分に、沢瀉《おもだか》屋の名で代々旅人宿を営んでいた某の男なども、猪撃ちにかけては、前の平沢禰宜に勝るとも劣らぬ剛の者であった。四手の大木を七廻りしたなどの、華やかな逸話こそなかったが、近郷に鳴りひびいた猪撃ちの名うてであった。臂力《ひりょく》はあくまで強く、剛情一点張りのがむしゃら漢で、鉄砲はあえて上手と言うほどでないが、狩場に臨んで好んで難場に当たる。なんでも人並以上の事をしないでは物足りぬ性分であったという。それで時折思い出して農作の手伝いなどをしても、力があり余って、道具なども叩き毀《こわ》す方が多かった。

先代はさらに輪をかけたがむしゃらだったそうである。冬の夜など屋敷近くで山犬が吠えたりすると、いかな深夜でもむっくり起き、厩《うまや》の馬栓棒《ませんぼう》を把《と》って、暗がりを追いかけて出るほどの無法者であった。某もその血を享《う》けただけに、物に畏《おそ》れる等の気持ちは微塵《みじん》もなかった。手負い猪を谷底へ突き飛ばして殺した話もあるほどだから、自ずと想像されるところで、当時を知っている者はことごとくそう言うている。

村の宮淵の橋普請の折、二丈幾尺の巨大な橋桁《はしげた》が崖に落ちかかって、危ない危ないと多勢の村人が立ち騒ぐのを尻目にかけて、ただ一人で鳶口《とびくち》を一つ打ち込んで、俺一人で支えているから、者ども全部下へ廻って足場を組めと頑張った事もあった。その時ばかりは馬鹿とも無法者とも言いようはなかった。しかも近郷の狩人達が、手剛《てごわ》い猪に出遇うたびに、酒を買って山の神を祀る一方、必ずこの男のもとへ加勢を頼みにいったというから、必ずしも話だけの猛者《もさ》ではなかったのである。亡くなったのはまだ昔でもない明治初年で働き盛りの三十幾つであった。山が生んだ最後の人とでもいうような、特異な性格が煩いしてか、晩年の家庭生活は悲惨であった。ふとした気紛れから、子供まであった女房を去らせて、どこやらの町から馴染みの女を身請けして連れてきたが、それがまた無類の悪女だったそうである。毎日酒を煽《あお》って寝ている事と、子供を折檻《せっかん》するほかには能がなかった。しかも後には明日の命も知れぬ重態の夫を、家財もことごとく売り払った空屋同然の家に残し、どこともなく姿をくらましてしまった。その時ばかりはさすが剛情我慢な男も、口惜し涙を流して過ちを悔いたと言う。

二人の男子があって、いずれも父の血を継いだものか、膂力は恐ろしく強かった。ただ幼い頃からひどい艱難《かんなん》の中に育ったせいか、父親には似もつかず背丈は子供のように小柄であった。兄の方は先祖の後を継いで、以前の屋敷跡に、名ばかりの家を構えていたが、弟は物心つく頃から、村の寺へ弟子にやられたそうである。その間に何かの事から生みの親の居所を耳にして、わずか数え年の十三だったというが、沙弥《しゃみ》の着る衣一枚着たまま寺を脱け出して、どこをどう聞いて行ったか、三河《みかわ》から甲斐《かい》の鰍《かじか》沢《ざわ》へ、母を慕って往《い》ったという悲しい話もある。

これが猪狩りの名うての家の末路と思うと哀れにも悲しい。今ではもう昔語りになって、家を継いだ兄もはや頭に霜を戴く年配に達している。そうして私の知る限りでは、今に昔ながらの狩人の持つ山刀を一振り、貧しいながら持ち伝えている。

一八　不思議な狩人

山で狩りなどしていた者の中には、平地の人々が想像も及ばぬような、異常な感覚と性質をもち合わせた人物がある。つい近頃聞いた男などもその一人である。実は不猟続きに弱り込んだ村の狩人達が、どこからか聞き出して頼みこんできたのが機縁で、評判になったのである。年はまだ四十台の体が小締まりに締まったと言うほか、格別変わってもいなかった。不思議な事には、その男が山へはいったと思うと、あたかも犬ででもあるように、猪のいるいないが、たちどころに判るのだそうである。鼻で嗅《か》ぎ出すのだともいうたが、話に聞いたところではそればかりでもなかったようである。そうした事について、某の狩人は次のような事を語った。猪の後を索めて歯朶《しだ》を分けていく時など、今の先ここを通ったというような事が、ふっと胸に浮かんでくる。一種の勘でそれがほとんど間違いない。そうした官能の働きであるのか、猪の所在を知るのが驚くほど的確であるという。

そうしてその男が山を跋渉《ばっしょう》する事の自由自在で、少しも倦《う》む事を知らぬのには、一緒に狩りをする者が共に舌を捲《ま》いた。心持ち、上半身を前屈みにした中腰の構えで頭を前に出して小股に歩いていく様子が、何かしら尋常でないところがあった。いかな茨の下や藪叢《ぼうう》の中でも、たちまちくぐり抜けるには、とても真似などできない。犬千代と渾名《あだな》があると言うから、千代何とかの名前らしい。北設楽郡川手《かわて》の出身とだけは聞いた。獣のことや猟の作法など、何から何まで気持ちのよいほど識《し》っていたそうである。お蔭で頼んだ狩人達は、思いのほか獲物があったという。

生家というのは村でもかなりな家柄だそうである。相当教育もあって、村長ぐらいは勤るなどと言うた者もある。ただもって生まれた病と言うのか、狩りをしたり、魚を捕る事が好きなために、家にもいつかれないで、方々を渡り歩いている。世の常の仕事はいたって嫌いな質《たち》で、宿屋に泊まっていても、一間に閉じこもって朝から酒ばかり飲んでいた。宿銭が溜《た》まった時分に、釣りの道具を持って、ふいと出ていったと思うと、晩方にはびっくりするほど、鰻《うなぎ》を捕ってくる。それで払いを済ますと、また暫くは遊んでいる。魚に不自由な、山の中の宿屋などでは重宝がった。ただ長くいつかぬので困ると言う。鯉なども、どこから提げてくるかと思うほど、速く捕ってきたと言うが、どうして捕るかなどと質問すると、ふっと無口になって話そうともしない。鰻も鯉も餌をもって釣る事だけは確かだと言う。いささか信じがたい節もあるが、時とすると山にはまだこんな人がいたのである。

猪とは縁がないが、以前狂言の振付けをして、村から村を廻っていた相模屋某と名乗る男なども変わった性格の持ち主であった。村に地狂言がなくなってからは、浄瑠璃を語って村々を廻っていた。もちろんそれだけでは渡世が成りかねるので、冬の間は小鳥を捕り、夏分は鰻を釣って生活の資を獲ていた。鰻など捕る事は実に巧《うま》いもので、今日は何百目欲しいと注文すると、晩方にはきまって、それだけの魚を提げてきたものだそうである。

一九　巨猪の話

巨猪を獲た話は、かりにも狩人の名のつくほどの者はきまって一つ位はもっていた。しかもその巨きさが申し合わせたように四十貫というのも偶然であった。猪としては、四十貫どころがあるいは限度であったらしい。しかもその程度の猪は珍しいとは言い条、まだまだいたらしいのである。某の狩人がそう言うていた。ある時出沢《すざわ》村の入りの陰山《あて》で、仲間と二人で発見した肢跡は、かつて見たこともない巨きなものであった。こんな肢をもつ猪だったら、牛ほどもあろうと語り合って、山の神を祀るやら、応援を頼みにいくやらえらい騒ぎをやった。そうして撃ち止めてみたら、なるほど巨きいには違いないがやはり四十貫そこそこであった。その猪は肢の蹄だけが体に似合わず巨きかったのである。数ある中にはそういう変わり種もまたあった。撃ち止めたからそれで済んだが、そんな猪を万一取り逝しでもしたら、それこそ七十貫や八十貫の巨猪にたちまちなったかもしれない。捕った猪であれば、舁《かつ》いで処理した代物だけに、馬鹿馬鹿しい誇張はなかったのである。

鳳来寺村行者越《ぎょうじゃごえ》の、丸山豊作という狩人は、その五十幾年の狩りの生活の間にただ一人で撃ちとめた猪の数が、七百頭にも剰《あま》るといわれたほどの剛の者であったが、四十貫を超すほどの獲物は、ただ一頭しかなかったと語った。しかもその一頭が六十貫にあまる巨大なものであったと言うから、ほんととすればまず界隈では未聞《みもん》というべきであった。

それはかれこれ四十年も以前の事で、細かい点は明らかに記憶がないが、なんとしても稀代《きだい》の逸物であった事と、その猪を撃つ前日に、偶然山の高地《たかみ》から望み見た光景だけは、今もありあり目に残っているとて次のように付け加えた。

ちょうど秋も末頃であった。駒立《こまたて》（北設楽郡）の奥の山へ、遊牝猪《うかれじし》を撃ちに入り込んだ時であった。嶺に立って、遥かに前方の谷を眺めると、枯草に覆われた山の裾《すそ》がどこまでも続いている。その枯草をわけて、およそ四、五十頭もいるかと思われる猪の大群が、一頭の巨猪を先立ちにして、一斉に谷に向かって走っていった。不思議に思ったのは先立ちの猪があまりに巨きくて、他の猪がまるで子猪のように見えたことである。永い狩りの生活の中でその時ほどの壮観は、後にも前にも見た事がなかった。翌日あっけなく撃ち止めたのが実は前日の先立ちの猪であったらしく、比類ない巨猪であった。一人で黒川《くろかわ》の村まで背負い出して、美濃《みの》の岩村《いわむら》の猪買いに売ったが、臓腑《わた》を抜いて五十五貫あったと言う。ちなみにこの男は異常な膂力の持ち主で、百貫の荷を負うていかなる嶮岨《けんそ》にも堪え得るほどの者であった。

臓腑ぬき五十五貫というのは、類ない巨猪のはずであったが、同じ男の語るところでは北設楽郡古戸《ふっと》の山では、七十五貫、時には九十貫の猪を撃った事実を、話には聴いた事がある。もっともこれは実際に見たわけではないから、なんとも保証はできぬと語っていた。

はたしてそんな巨猪が、いたかどうかは判らぬが、同じ北設楽郡内でも、段戸《だんど》山《ざん》や彦坊山《ひこぼうやま》の杉の植林地には、丈余に伸びた萱の葉蔭に、多数の猪が群れ狂うているのを見ると、これは山仕事に入り込んだ杣や木挽きの話であった。御料林の事で、あそこばかりは猪も放し飼いだなどと、語っているのを脇から聞いた事もある。山又山を分けてはいれば、そうした猪の世界もまだ遺されていたのである。

巨猪とは異うが、猪の一種に、虱猪《しらみ》というのがあって、これは体一面に虱がたかっている。種類が違うものかどうか分からぬが、せっかく獲っても肉が臭くて喰べられるものでないと言う。はたしてそんな猪がいるものか、これもまだ確かめる機会がないが、猪に虱がつくことだけはたしかで、病い猪にはことにそれが多かったようである。

鹿

一　淵《に》に逃げこんだ鹿

鹿を撃った狩人はみんなそう言った。鹿はいかにまっしぐらに遁げてゆく時でも、矢頃《やごろ》を測って、ホーッと一声矢声《やごえ》をかけると、ふっと肢《あし》を緩めて声の方を振り返ると、そこの呼吸で引き金を引いたそうである。矢声はなるべく短く歯切れのよいのを上乗とした。ポポッと投げつけるようにかけるほど、効果があるという。習性とすれば哀れにもいじらしかったが、狩人の狙い所にされたのは情けない。羚羊《かもしか》にもこの習性はあって、必ず振り返るものといわれている。

も一つ、これも鹿に限っての習性で、狩人には都合のよい事であった。それは一度手負いになると、だんだん山を出て、里近い明るみへ姿を現してくる事である。ひどい深山なら知らぬ事、私などが聞く話はことごとくそうであった。もう三十年も前になるが、旧正月二日の事だそうである。伊那《いな》街道筋の追分《おいわけ》で、ある家で朝早く起きて蔀《しとみ》を開けると、そこへ上《かみ》の方からばたばたと街道を駆けてきた物がある。女房がはっと思って見返した時は、もう五、六間先へ駆け抜けていたが、それは一匹の鹿で、後ろ肢が片っ方傷ついて引きずっていたそうである。

すぐ後から犬や狩人が追いかけていった。そこには前夜降ったらしいうす霰《あられ》がほんのり敷かれて、それを紅《あか》い血の滴りがどこまでも染めていた。鹿はそこから二丁ほど下った村端《はず》れのめくら淵《ふち》に跳び込んで殺されたそうである。その淵は街道から覗《のぞ》くと、すぐ目の下に蒼《あお》く澄んで見えた。淵の主は巨《おお》きな牛だとも謂《い》うて、晴れた日には陽光の工合で時折背中が見えると聞いた。めくら、かいくら、せとが淵と言われた名高い淵の一つで、界隈《かいわい》でも伝説の淵として通っていた。竜宮へ続いているとも言われ、昔からよく鹿の追い込まれる所であったそうである。

その鹿は間もなくもと来た道を舁《かつ》がれていった。なんでも朝まだ暗いうちに、鳳来《ほうらい》寺《じ》街道を五、六町登った所の分垂《ぶんだれ》のイノアテで肢を撃たれて、一気に街道を走ってきたのだそうである。その時の狩人の一人の話では、三歳の雄鹿であったと言う。

子供の頃、村の入りの山から追い出された鹿が、畑を横ぎって街道へ出て、船着場《ふなと》へ続く坂を降《くだ》って、最後に跳び込んだ場所もやはり淵であった。宮淵《みやぶち》と言うて大海《おおみ》村の鎮守の森が向から岸に繋《しげ》っていた。両岸が高い岩に囲まれて、川幅五十間もあろうという物凄い場所であった。もう二十七、八年も前のことで、その頃は、そこから川下の豊橋《とよはし》まで七里の間船が通ったのである。手負い鹿が、淵に跳び込んだ話は他にも聞いた事がある。出沢《すざわ》の村のフジウの峰から追い出した時には、鹿が岩の上を走って下の鵜《う》の頸《くび》の淵へ跳び込んだそうである。

また某《なにがし》の狩人が、八名《やな》郡船着《ふなつき》村小川《おざわ》の、シュッケツの峰で撃った鹿は、峰続きのカマヅルを、ソンデ（嶺を後に反った所）に向かうと思われたのが、肢を傷ついたまま、斫《き》り立ったような山の腰を転がるように降って、一気に黄楊《つげ》川の淵に跳び込んだ。傷ついて跳び込んだのは、川沿いの淵ばかりではない。山中などの用水池を目がけた話もある。そんなわけで私の家近くの、方《ほう》が窪《くぼ》の小さな池にも追い込んで獲《と》った事があると聞いた。

大海の村の山つづきにある二ッ池は、山の窪に同じような池が並んで、遠くからその蒼い水が望まれるが、やはりその池へも追い込んで殺した事があったという。

鹿は手負いになると、きまって池や川を目がける。密林から里近い疎木立《むらこだち》へ出て、畑や街道を走ったのはまだしも、あの蒼く澄んだ池や淵を目がけたのは、単に偶然ばかりではない。何かしらそうさせるものがあったように思う。

二　鹿の跡を尋ねて

猪と違って鹿の方は、界隈ではもうどこの山にも姿を見せなくなった。数年前までは鳳来寺山にたった一頭いると聞いていたが、それも誰かが獲ってしまって、よくよくいなくなったとは、狩人たちが一様に語るところである。

それほど少なくなった鹿が、ここ三、四十年前までは、今から思うと嘘のようにたくさんいたのである。狩人に追われて、人家の軒や畑を走る姿を見る事も珍しくなかった。これは私がまだ頑是《がんぜ》ない時の事であった。納屋の軒端に莚《むしろ》を敷いて、祖母と日向《ひな》ぼっこ《た》をしているところへ、狩人に追われた鹿が、前の畑から屋敷へ上る坂路《さかみち》を駆けてきて、私たちの坐《すわ》っている莚の端を蹴散らして、背戸の山へ駆け抜けて去った。頭の角をべったりと背に担いで、肌に光る汗が見られるほどであった。その時アッと言って、私を抱える暇もなかったと、後になって祖母が笑って話したものであった。

家の縁側から望むと、南の方遥《はる》かに船着《ふなつき》の連山がつづいて、雨上りの後などは紫色に煙った山の腰に、白く滝の落ちるのが望まれる。あそこが船着の百俵窪《ひやくたわらくぼ》で、昔から一窪で米が百俵取れると言われていた。その手前の、わずかばかりの盆地に、大海だの有海《あるみ》だの、幾つかの部落《むら》が展《ひら》けていて、晴れた日には人家の甍《いらか》から陽炎《かげろう》が上るのが見える。

鉄道が通じて大海の村へ長篠《ながしの》駅ができてから、かれこれ三十年になるが、それより数年前までは駅の所在地から数町離れた墓場続きの林に、まだ鹿のいた話がある。まさか鹿はいまいと、狩人もついうっかりしていただけに面喰《めんく》らって、とり遁《にが》してしまったという。

大海の南隣、有海の篠原《しのんばら》は、今でこそ見渡す限り桑園になって、長篠戦記に勇名を遺《のこ》した鳥居勝商《とりいかつあき》が憤死の跡なども、その中に埋もれてしまったほどであるが、以前は西隣の川路《かわじ》の原と共に、またとない鹿の狩場であった。どんな不猟の時でも、そこへ行けば必ず一つ二つは獲物があったものである。そこはどっちを見ても低い赤禿《あかはげ》の山つづきで、どこに鹿がいたかと不思議に思うほどであるが、事実いたことは間違いない。実はそれどころではない、そこにつづく大窪《おおくぼ》の谷で、山犬が子を産んだ話も、つい昨日のように語られていた。その折に赤飯を焚《た》いて、近所の女房達に随《つ》いて、産見舞《うぶみまい》に行ったと言う女が、九十幾つではあったがまだ達者でいたのもふしぎである。それこれ考えると、村をめぐる山の姿は私などが想像も及ばぬほど著しい変化があったのである。

有海《あるみ》から東へ川を渡った所が前に言うた船着山で、その腰に沿うて展けた部落《むら》を一口に七村《ななむら》と言う。大平《おおびら》、栗衣《くりぎぬ》、市川《いちかわ》、日吉《ひよし》、吉川《よしかわ》、久間《ひさま》、乗本《のりもと》と、いずれも小さな部落で、山の腰に北を向いて家が並んでいた。それ等は界隈から、いつも悪口の的にされるほどの僻村《へきそん》だっただけに、鹿はいたるところに出た。

その中でも最も山奥の、大平、栗衣などでは、狩人が鉄砲を舁《かつ》いで通る姿を見ると、村の衆が出てきて慇懃《いんぎん》にお辞儀をしてから、お狩人様どうか鹿の奴を撃って下されと頼んだものであると言う。もちろん半分は悪口であったろうが、頼まれたのも事実であった。狩人が鹿を舁いで、お頼み申しますと云えば、どこの家でも酒一升を出すのが不文律になっていた。これ等の部落は、いずれもひどい山谷ばかりを耕してはいたが、いずれかというと畑の少ない田所で、しかも植えつけたばかりの稲を、鹿が出るたびに片っ端から抜き取って喰うのだから、よくよく鹿は悪い奴であった。

三　引鹿の群

前に猪の話に出た追分《おいわけ》では、二十年前までは座敷に坐っていて、鹿の鳴音が聞かれた。もうその頃は、近間ではどこの山にも、聴かれなくなった後だけに珍しい。街道筋でこそあるが、どちらを向いても山ばかりで、家数も五、六軒しかない淋《さび》しい在所である。前を寒峡川《かんさ》が流れて、流れに臨んで山が押し被《かぶ》さるように聳《そび》えていた。毎年秋になると、日の暮々をはかって、その山の峰で鹿が盛んに鳴いたのである。闇を透かしてキョーとあの鋭い声音が谺《こだま》すると、馴れぬ泊り客などは、飛び上がるほどびっくりしたそうで、話以上に鋭いものであった。鹿の鳴音の鋭く凄《すご》いことを物語るものとして、かつて段戸《だんど》山の山小屋にいた杣《そま》は、山犬の声と感違いして、一晩中恐ろしさに慄《ふる》え通したという。最もそれは鹿が遊牝《さかり》の時に限って、稀《まれ》に唸《うな》るような声をあげる、それであったと言うから、無理もない話である。鹿の声は普通に鳴く場合でも、一定の距離を置かぬと、村の人々が口真似するように、カンヨーと妙なる音には響かなかったのである。

今でこそ追分の向かいの山は、杉檜《ひのき》が植林されて、雑木などもしたがって伸び放題であるが、以前は見渡す限りの山が、ことごとく近郷の刈敷場で、峰にところどころ形の面白い松が繁っていたほかは、木と言うてはほとんどなかった。冬の夜はそこで山犬もまた、盛んに吠《ほ》えたのである。

梅雨が明けて山の緑が一段と濃くなった頃には、朝早くそこを幾組かの引鹿《ひきじか》が通った。引鹿とは、夜の間里近くに出て餌《えさ》をあさったのが、夜明けと共に山奥へ引き揚げ

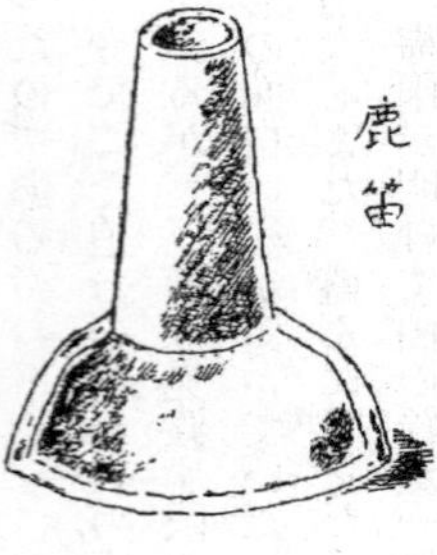

鹿笛

るそれを謂うのである。

あたかも、その頃は鹿が毛替わりして、例の赤毛の美しい盛りであった。それが朝露を置いた緑の草生《くさぶ》を行くだけに、ことに目を惹《ひ》いたのである。五つ六つあるいは十五、六頭も列をなして、山の彼方此方《あちこち》を引いていく光景は、例えようもなく見事で、中には子鹿を連れているのもあった。その子鹿の歩きぶりが、まるで子馬《びつこ》の走るのを見るようで可愛らしいものであった。

ある時など、次々に引いてゆく鹿を全体どれだけいるかと、目に入るだけを数え立てたら、四十幾つにも及んだ事がある。毎朝の事ではあったが、門に立って全部が引き揚げるまで、眺め暮らしたもので、中には朝日が紅く峰を染めてから、悠々と引いていくものもあった。それがまだ昨日の事のようだと、老人の一人は語っていた。

そうかと思うと寒中、風がヒューヒュー吹き捲《まく》る日に、峰から三つの猟犬に追われて、崩れるように山を降ってきて川の中へ跳び込んだ。そこで犬と鹿と四つが真っ黒になって、互いに纏《もつ》れ合っていた。それで後を追ってきた狩人たちも、鉄砲を向けたまま狙う事ができなくてまごまごしていた。ある時はまだ陽のあるうちに、山犬に追われて一散に岩の上を走って遁る鹿があった。麦畑の耕作をしながら、アッという間の見物だった。

もう五十年も前になるが、街道の牛方相手に宿をしていた中根某が、ある日のこと前の寒峡川の河原から、山犬が喰い剰《あま》して砂に埋めておいた鹿を拾ってきた事がある。よい拾いものとばかりに肉を近所隣へも振る舞って、自分も煮て喰って寝た。ところが夜更けになってから、門口へ鹿の主の山犬が来て、恐ろしく吠え立てた。おかしかったのはその男が驚いてしまい、家の中から散々詫言《わびごと》をする声が、軒を隔てた隣の家までも聞こえた。某は翌朝起きると早々に塩を枡《ます》に入れて、昨夜《ゆんべ》は辛《つら》い目に遇《あ》ったと言い言い、前の河原へ置きにいった。山犬の獲物を拾ってくる時は、代償に塩を置くものとは、この地方で一般に言い慣わされていたのである。

四　鹿の角の話

私の家に、鹿の角の付け根を輪切りにして、それに笹に鯛の形を彫刻した印籠《いんろう》の根付《ねつけ》があった。忘れたような時分に、家のどこかしらに転がっていたものである。祖父が若い頃手細工にやった仕業だと聞いていた。なんでも仕事からふいと帰ってきたと思ったら、そのままどこへ往《い》ったか一向に姿が見えない、方々索《さが》すと、土間の向座敷《むこうざしき》を締め切って、その中でコッコツ何か頻《しき》りにやっている。その間二日か三日、ろくに飯を喰わないで、えらい骨折りであったというが、そうしてできたのがこの根付であった。それと今一つ、これはなんでもないただの三叉《みつまた》の角があった。いつからとはなしに背戸の庇《ひさし》に吊《つ》るしてあった。時折笊《ざる》などが引っ掛けてあったが、吊り紐《ひも》が切れてからは、押入れの隅などに放ってある中に、いつか失ってしまった。その角は家の誰やらが、山から拾ってきたのだそうである。私の家にはその他には、鹿の角のあった事を記憶せぬが、隣家へ行くと、竈家《かまや》の軒に、五本も六本も吊るして、それにことごとく蓑《みの》や笠《かさ》が掛けてあった。

以前はどこの家でも、軒に鹿の角を吊るして蓑掛けにしたのである。そうかと思うと土間の厩《うまや》の脇の小暗い所に吊るして、拵《こしら》え立ての藁《わら》草履などを引っ掛けておいた。真っ黒に煤《すす》けた柱の脇に、枝の一つ一つに、種袋を結びつけたのもあった。同じような恰好《かっこう》の物を両方に下げて掛け竿《さお》を渡し、それに手拭いや足袋《たび》を引っ掛けた家もあった。

こうした角は、いつから吊るしてあったものか、もうみんな忘れていた。家が以前狩人であった関係で持っていたり、伝手《つて》を求めて手に入れたのもあった。あるいはまた山仕事に行って、そこで拾ってきたものもあったのである。

ある家の女房は、正月に薪《もや》を伐りに行って、そこで拾った事があると語っていた。初め木の枝に引っかかっているのを見つけた時は、さすがにびっくりしたそうである。どういうものかその日に限って、体中が溶けるように懶《だる》かったなどと語ったところから想像すると、鹿の角を拾うことは、いかにたくさん鹿がいた頃でも尋常事とは思わなかったのである。またある男は、夏の頃山へ五倍子《ふし》の実を採りにはいって拾ったことがあると語った。その折山の嶺《ほつ》に出て一休みしようと、煙草に火をつけた時、その脚もとに今しがた誰かが置いてでもいったかのように、三叉の見事な角が落ちていたそうである。

某の男は、秋カワ茸《たけ》を採りに行って、それは寒い日蔭《ひかげ》山の雑木の下で、落葉を引っ掻き廻すうち、何年か落葉に埋もれて、半分化石のようになったのを拾った。それはまだ若鹿の二叉角であったと言う。

こうして拾ってきた角は、何本でも軒に吊るして、前言うように蓑掛けに使ったのである。一度吊るせば吊り縄の腐らぬ限り、幾年経ってもそこに下がっていた。雨の日など、外から帰るとぐっしょり濡《ぬ》れた重い蓑を、まずその角に掛けてから、そうして入口の敷居を跨《また》いだのである。

それ等の角が、今はもうどこの家にも見当たらない。角買いに売ったのもあった。春秋の大掃除に外して、子供が玩具にする間に、いつか失ったのもあった。まだ角に枝の咲かない若鹿の角でも、一端に縄を通して、草履の緒立てや筵識りの仕上げの針に用いた物などは、つい昨日まで土間の壁に下げてあったように思うのだが、それすらもう見えなかった。時たま鹿の角が座敷に吊るしてあれば、熱さましになるなどと言うて、一方の端をひどく削ってある物くらいであった。そんなものでもない限り、もうどこの家からも、姿をかくしてしまったのである。

五　鹿皮の裁付

鹿の角がたちまち家々から姿を消したのも、実は角買い男が盛んに入り込んで、買い集めたのがそもそも大きな原因であった。

ある家では、以前狩人であった事にもよるが、主人が昔風を改め得ない性分も手伝って、どこの家にもなくなってから、軒や土間の隅に幾本も吊るしてあった。事実そうしてあればなにかにつけて都合もよかったのである。

それがつい近頃になって、角買いが目をつけ出した。売れ売れとしつこく言い寄るのについに断り切れなくなって、若主人が全部引き外して、纏《まと》めて売ってしまった。家中を探し集めたら、十七、八本もあったそうである。その金をただの貨幣として使ってしまうのも惜しいとあって、いろいろ考えた末に、先祖代々の位牌《いはい》を拵《こしら》えたと言う。

鹿の角がなくなっても、格別不自由はしなかったが、ただ簑などの置き場がなくなって埒《らち》もなくそこいらへ丸めたり、載せたりして、なにかと整頓《せいとん》が悪くなった。こういうことも、以前にくらべて農家としては大きな生活の変化であった。

角と共に鹿が村へ遺《のこ》していったと言える物に、鹿の皮の裁付《たっつけ》があった。一口に皮裁《かわだ》付《つけ》と言って、白く鞣《なめ》して作るのである。秋から冬にかけて村を歩くと、これを着けた男を時折見かけた。麦畑に耕作していたり、山から薪を負って出てきたりする。多くは裁付と同じように古びた人であった。この皮裁付を畑仕事に穿《は》くと、雨に濡れたりして、たちまち色が悪くなる。しかしまた晴れた日に穿《うが》って一日山を歩いてくると、木の枝や茨《いばら》で洗濯されて、元のように美しく真っ白になる。くちなしで黄ろに染めて穿く者もあった。

家々を尋ねて廻《まわ》ると、どの家でも申し合わせたように、以前はあったがもうないと答える。老人が死んでから、久しく物置に投げ込んでおく中、いつか虫が付いていたのに慌てて谷へ捨てたのもあった。襤褸《ぼろ》と一緒に、棒手振《ぼてふり》などに売ったのもあった。女達が少しずつ剪《き》って、針止めや針山を作り作りする中、紐ばかりになったのもあったのである。よくよく丹念な心掛けの良い家庭か、老人でもある家のほかはなくなってしまったのである。律儀者で通った某の老人は、親類への年始廻りには、必ず着けたものと言うが、今の若い人達には恰好からしてあまり好かれなかったのである。

近頃は裁付屋と言う専門の職人が、時折村に廻ってきたが、多くは大鹿を獲ったたびに、狩人自身が拵えたのである。昔から裁付は、大鹿の皮二頭分が要ると言われている。前に言うた鳳来寺三禰宜《ねぎ》の一人だった平沢某は、これを作るに妙を得ていたとかで、方々から製作を頼まれたものと言うが、その男が作ったものと言うて、大切に蔵《しま》ってある家もあった。

いろいろの話を総合して、鹿皮の裁付がこの地方の狩人に流行しはじめたのは、あまり古い話ではなかったらしい。その上に拵えるのが面倒であったのか、以前は物持ちでもない限り、滅多に着けなかった。山でにわかに雨に遇った時など、狩人達が獲物に出遇った以上に慌てて、大急ぎで脱いで丸めたものと言うから、よくよく貴重な狩衣《かりぎぬ》であったのである。

六　鹿の毛祀り

狩人が鹿を撃った時は、その場で襟毛を抜いて山の神を祀《まつ》る。その作法は猪狩りの際の毛祀りとほとんど変わるところがない。ただし鹿に限っての作法として、その場で臓腑《ぞうふ》を抜いて、胃袋の傍にある何やら名も知らぬ、直径一寸長さ五、六寸の真っ黒い色をした一物を、山の神への供え物として、毛祀りと一緒に串《くし》に挿したり、あるいは木の枝に掛ける、これをヤトゥ祀りと言った。ヤトゥのことは前にも言うたように、端を尖《とが》らせた串であった。一方真っ黒い色をした物とはそもそもなんであったか、狩人のことごとくが名も知らぬのも不思議である。膵臓《すいぞう》だろうと言う人もあるから、あるいはそうかもしれぬ。ずっと以前は、ヤトゥ祀りといえば両耳を切って挟んだと言うが、近頃ではその代わりであろうか、耳の毛だけを剪って済ます者もあるという。しかも後には臓腑を割《さ》く事をも略して、ただ毛祀りだけで済ますようにもなった。

狩人としては、ひとたび傷を負わした獲物は、たとえ二日が三日を費やしても、後を覓《もと》ねて倦《う》む事を知らぬのが嗜《たしな》みであった。いわば狩人気質《かりゅうどかたぎ》とも言うべきもので、次の話はその気質を想わせる話である。

村の熊十という狩人はある朝早く、出沢《すざわ》の村のコヤン窪で、一頭の鹿を追い出した。その鹿が蕎地《ばくち》に峰へ向けて遁げ去るのを、どこまでもと追い縋《すが》って、ある時は山続きの谷下《やげ》の村を上から下に追い通し、再び元の山に引き返して村の東に当たる藤生《ふじう》の峰に追い込み、さらに峰を越してその日の午過《ひるす》ぎには、川を渡って隣の村の滝川《たきがわ》に出た。そこから又もや山に追い込んで、だんだん山深くはいり、日の暮れ方には滝川から一里半山奥の、作手《つくで》村の赤目立《あかめだち》の林に追いこめた。そうしてまたもや峰一つ越えて荒原《あはら》村の手前の窪で、やっと仕止めたが、その間距離にして十二、三里ほとんど飯を食う暇もなく走り通しであった。十六の年から狩りをしたが、この時ほどの骨折りはまずなかったと言う。

同じ男の話であるが、ある時船着山の麓の七村《ななむら》で、大鹿を追い出した時は、その鹿が峰から谷、谷から村と終日目まぐるしいほど遁げ廻るのを、どこまでもと追い縋ってゆく中に、行く先々でその鹿に鉄砲を放つ者があった。それで他の狩人達も、その鹿を目がけているとは想像していたが、最後に大平《おおびら》の奥に追い詰めて斃《たお》した時に、その場へ聚《あつま》ってきた狩人を数えると、なんと総勢で三十六人あった。しかもその狩人が撃った丸《たま》は全部で十三発で、その十三発が一つ残らず軀《からだ》に中《あた》っていたのにはいずれも呆《あき》れ返った。三十幾人の狩人がなんの連絡もなしに、一つの鹿を一日追い廻すなどと、こんな馬鹿馬鹿しい事はかつて話にも聞いた事がないと、みんなして大笑いに笑ったそうである。

そうかと思うと、狩人は一人で獲物ばかりが多くて、弱らされた事もある。これも同じ狩人の述懐だが、ある時出沢村の茨窪《ばらくぼ》の背戸へ一匹の鹿を追い込んだ、ところが思いがけなく行く手の木立から、雄鹿ばかりが七つ、もやもやと角を揃えて走り出したのに、狙いつける的に迷って、惜しくもことごとく逸してしまった。その場の狩りの首尾は別として、雄鹿が七つも角を揃えて駆け出したところは、実に賑やかなもので、見た目だけでも山の豊薬であったと言う。

前の話などもそうであるが、狩人たちの解釈ではこうした尋常でない出来事を、すべて山の神の手心によるものと謂うている。

七　山の不思議

山の神の手心から、獲物を匿《かく》される事は、前に猪の話の折にも述べた。ところがそれとは異《ちが》って、現在捕ってそこに置いたはずの獲物が、ちょっとの間、水を呑《の》みに谷へ下ったり、仲間を呼びに行った隙《すき》に、陰も形もなくなる事があった。四辺に人影もない深山の中であれば、これは不思議と言うよりほかなかった。鳳来寺山中などで、時折そうした目に遇った。山犬のせいとも言うたが、あるいは山男のなす業とも信じられた。狩人はそうした時の用意に、獲物の傍を離れる時は、鉄砲と山刀を上に十字に組んでおいたのである。

鳳来寺山は、全山九十九谷と言い伝えて、地続きの牧原御料林《まきはらごりようりん》を合わせて、ほとんど四里四方にわたる一大密林であった。山中の地獄谷という所などは、密林中に高く滝が落ちかかって、はなしに聞いたかくれ里のような所で、風景がまたなく美しかったが、ひとたび奥へ入り込めば、山が深くて再び還《かえ》る事は叶《かな》わぬとさえ言われている。そのため一部の狩人のほかは消息を知る者もない。たまたま鰻釣《うなぎつ》りにはいった者の談によると、思いのほかに谿川《たにがわ》の様が秀麗で、かつて釣りを試みた者もあるらしいと語っていた。随分久しい前の事と聞いているが、八名郡能登瀬《のとせ》村の生田某の家では、この牧原御料林から、不思議な裸体の青年を二人捕えてきて、農事を手伝わせていたという。力が強くて正直で、主人の命令をよく守ったが、なにぶん言葉がさらに通じないのには困った。あるいは山男の類《たぐい》ではないかとも噂したが、それ以上詳しいことはまだ聴く機会がない。

鳳来寺山から東に当たって、三輪川《みわがわ》を隔てた八名郡山吉田《やまよしだ》村の阿寺《あてら》の山に、七滝《ななたき》という名所がある。その水源を成している栃の窪からはだなしの山へかけての山中は、昔から不思議の多い地域と謂われていて、狩人たちが獲物を奪《と》られた事もしばしばある。実際に奪られたという話はもう聞かなかったが、それはこの山に住む姫女臈《ひめんじよろう》の仕業であるともっぱら謂っている。しかも山の主は美しい片脚の上臈《じようろう》だから、紙緒の草履を穿いてゆくと、必ず片っ方を奪られると謂う。

人里の遠い山中にわざわざ紙緒草履《かみおぞうり》を穿いて入り込む者もないと思われるが、これには別の話が絡んでいたのである。実は狩りとはなんの関係もない余計な事だが、話のついでに姫女臈の伝説の結末をつけておく。

この阿寺の七滝の近くは、土地のいわゆる子抱き石の産地であった。子抱き石とは、石の中にさらに別の小石を抱いたものである。子供のない婦人がそこから一つを拾って懐にして還れば、必ず懐妊するとの言い伝えがあった。そんなわけで女連れでわざわざ出かける者があったので、その場合に紙緒草履を穿いていると、いつのまにか片方が失くなる。現に草履を奪られて、知らぬ間に片裸足《かたはだし》にされていたという話もあった。それもこれもみんな姫女臈の仕業であるというのである。

八　鹿に見えた砥石

　姫女藺の仕業かどうかはわからないが、鳳来寺山行者越《ぎょうじゃごえ》の丸山某が、明治二十五年頃、鳳来寺の山続きの、長篠村柿平《かきだいら》の山で、仲間二人と追い出して撃った鹿は、確かに右の後ろ肢を傷つけたにかかわらず、鹿は後ろ肢を引きずりながら、山から谷へ、雪の真っ白く降り積もった上を走って遁げた。そうして村の卵塔場《らんとうば》を抜けてゆく姿も明らかに見届けたにもかかわらず、後には肢跡こそあれ一滴の血液《のり》も零《こぼ》れてはいなかった。

　かような事は、脂肪《あぶら》の多い猪には間々ある事だが、鹿にはかつてない不思議である。さすがに仲間の一人はそれに怖気《おじけ》づいて、再び追う事を肯《うなず》かぬので、ついに見遁したそうである。しかしどうしても諦《あきら》められず、翌日さらに狩り出して、こんど度は見事胴中を撃って仕止めた。そうして前日の傷口を調べると、膝《ひざ》の骨をひどく打ち砕いていたが、さらに血の流れた様子はなかったと言う。

　同じ男がある年の暮、八名郡七郷《ななさと》村名号《みょうご》の山で撃った鹿は、わずか七貫目に足らぬ雌鹿であったが、季節《とき》はずれに雪よりも白い斑《まだら》が肌に現れていた。これも見方によると山のふしぎであるが、実はなんでもないただの病い鹿で、夏毛のままで毛替わりがなかったのである。この丸山某は近在でも名代のがむしゃら者であった。

これもあえて不思議というほどのことでもないが、某の男が鳳来寺村の清沢《きよさわ》の谷で撃った鹿は、二匹が二匹とも揃って、見事な四叉の角を戴《いただ》いていた。鹿の角は普通は三叉を限度としてある。形に変わった物はあっても、完全に四叉に岐《わか》れた角は、珍しいとされていたのである。

それと話の型はまるで異うが、山の不思議譚として、本宮山《ほんぐうざん》の信仰をめぐる口碑がある。

本宮山は鳳来寺山の西南方に当たり、豊川の西岸に聳えている高山で東海道線の豊橋を立って西に進むと右方に聳えて見える。頂上に国幣《こくへい》小社砥鹿《とが》神社の奥宮があった。祭神は大己貴命《おおなむちのみこと》であるが、俚説《りせつ》では天狗《てんぐ》だと謂う。ある時麓《ふもと》に住む狩人の一人が、鹿を追うて山中にわけ入って、鹿はついに見失ったが、別に谷を隔てて一頭の大鹿の眠っている姿を見た。

直に矢を番《つが》えて放したがさらに手応えはない。幾度くり返しても変わりがないので、不審に思って近づいてみると、実は鹿と見たのは巨きな一塊の砥石《といし》であった。それを見てたちまち神意を感じ、神として祀ったのが砥鹿《とが》明神であるという。あるいは鹿に化けていた天狗の話(拙著『三州横山話』参照)とも関聯《かんれん》があると思われる。

本宮山には、以前はたくさんの鹿がいたもので、しかもここに棲《す》む鹿は、他地方のものに較べて遥かに巨きかった。もっぱら本宮鹿《ほんぐうじか》の名で通っていて、三叉の鹿であれば普通十七、八貫はあった。それで一番と言えばまず二十貫どころが標準であった。山が肥沃《ひよく》で食餌の良い関係でかく優れていたのである。それは角ぶりと言い姿と言い、申し分のない鹿であった。

九　鹿撃つ狩人

かれこれ五十年前に死んだが、東郷村出沢《すざわ》の鈴木小助と言う男は、名代の鉄砲上手であった。そんなわけで小助の家の前の柿の木には、冬分ならいつでも鹿の二つ三つは吊るしてあった。小助はある時家の縁先にいて、二頭の鹿を一発で撃ちとめた事があった。朝まだ床の中にうとうとしていると、前に起きた女房がしきりに呼んでいる。「おっとうはや向こうの道を引鹿が通るぞえ――」という声に、むっくり起き上がるが否《いな》や枕もとの鉄砲を取って縁先へ出た。見るといかにも見事な雄鹿が二つ、後になり先になりして谷向こうを谷下《やげ》村へ越す道を登っていく。そこで鹿が二つ重なり合った所を狙って撃つと、見事に手前から後の鹿を筒抜けに斃《たお》す事ができた。

小助は名のごとく体はいたって小さかったが、鉄砲は名人であったと言い伝えて、今に噂が残っている。猪鹿買いが獲物払底《ふってい》の折は、必ず小助の家へやって来て、上り端《はな》へ寝込んだそうである。すると小助は渋々支度をして出かけるのが常で、出かけ端にもし鉄砲が鳴ったら、その方へ迎えにお出でと言うのが癖であった。そうしてただの一度もその言葉に誤りはなかったという。小助も鉄砲上手に違いなかったが獲物もまた余計にいたのも事実であった。

小助が鉄砲上手の話はまだあった。その頃村の梅の窪と言う所に、性悪るの狐が棲んでいて、時々村の者を悩ました。その狐が、小助の鉄砲なら狙いがきまっているからちっとも怖くはないと常々言うたそうである。狐は後に小助の老母に取り憑《つ》いて、どうしても離れないのに、これにはさすがの小助も弱ってしまった。

そこである時鉄砲に紙丸《かみだま》を詰めて、一発天井に向けて放しておいてから、さあ今度は真丸《ほんだま》で撃つぞと嚇《おど》すと、これには狐の方が参ってしまった。そうして明日の朝は間違いなく出ていくからと約束した。それなら確かな証《あかし》を見せよと掛け合って、行きがけに屋敷向かいの谷下村へ越す坂道で、片肢上げて相図をさせることにした。その代わり撃ってくれるなと、狐も念を押したそうである。委細承知して朝になるのを待った。翌朝は早起きして見ていると、いかにも谷下村へ越す坂を、狐が一匹ブラリブラリ登っていく。その狐がちょうど屋敷の真正面へ来たと思うとき、いかにも片肢上げて相図をした。そこをドンと一発欺《だま》し撃ちに撃ち取ったと言う。

この小助の兄弟であったか、あるいは親類であったか判然記憶せぬが、長篠村浅畑《あさばた》に、某音五郎と言う狩人がおった。鹿狩りにはやはり名代の剛の者であったと伝えている。格別逸話としては聞かなかったが、ある朝起きて戸を明けると、家の前坪に巨きな山犬が坐って、口を開いて何やら嘆願する様子である。剛気な音五郎は怖れ気なく傍へ寄って口中を検《あらた》めると、太い骨が咽喉《のど》に立っている。それに手をさしのべて除いてやると、山犬はさも嬉しそうに尾を振って立ち去った。翌朝見事な大鹿が一つ、門口に置いてあったのは、言うまでもなく前日の恩に報《むく》いたものであった。

一〇　十二歳の初狩り

鳳来寺山行者越《ぎょうじやごえ》の一つ家に、五十幾年の狩人生活を送って、名代のがむしゃら者といわれた丸山某は現に生きている。行者越は鳳来寺の裏参道で、以前は鳳来寺から遠《とお》江《とうみ》の秋葉山へ通う道者路に当たっていた。むかし役《えん》の小角《おづぬ》が開いたという伝説の地で、あるいは小角がここより奥に登る事能《あた》わず、引き返した跡とも言い、別に行者返りの名もあった。鳳来寺へ一里、麓の湯谷《ゆや》へ一里、文字通りの一つ家であった。

会って話している間にも、昔の狩人はこうもあろうかと思われるほど、一本気の気ままさがある。そうして何物の力をも信じない冷酷さが、言葉の端々にまで感じられる。話をする間にも、てんでこっちの言う事など耳に入れない様子で、己が言いたい放題を甲高《かんだか》い声でしゃべりつづけていた。生まれたのはさらに山奥の、北設楽《きたしたら》郡黒川《くろかわ》の在で、今の家へは養子に来たのだそうである。

生家も代々の狩人であった。初の狩りは十二の年の秋で、焼畑《やきはた》の傍で見出した鹿であった。最初の丸は尻に中って惜しくも灸所《きゅうしょ》を外れたが、続いて遁げる後を追ってゆくと、遥かの山の岾《たわ》で犬が止めていた。そこで傍にあるあわぶきの大樹に身を凭《もた》せて第二発を送ると、鹿は谷に向けて転がり落ちたそうである。すぐ後を探し求めて、藤《ふじ》蔓《づる》を取って横に背負い上げようとしたが、重いのと谷が険しくて、上る事ができない。仕方がないので、鹿の骸《むくろ》に着ていた上衣を脱いで掛け、自身は谷を伝って帰ってきた。そして遥かに我が家を望む地点まで来て、立木に上り枝を叩《たた》いて相図をした。その折家に下男同様に使っていた乞食《こじき》ともなんともつかぬ男が迎えに来てくれた。二人で運んだが十六貫七百目あったそうである。

その鹿をさらに五里離れた津具《つぐ》村の鹿買いの所へ、一人で背負っていくと、折よく途中で鹿買いに遇って話ができて、二両二分二朱に売った。

まだいたいけな十二の年に、十六貫余の鹿を負って歩くだけに、子供の頃から不敵者で、十七の春にはもう家を飛び出した。そうして山から山と渡り歩くうち、今の家へ見込まれて養子になったのだという。若い頃から獲物を追って、どことも知らぬ山中に夜を明かした事も幾度であったか知れぬが、それでいてさらに疲れる事は知らぬ、強靭無類《きょうじんむるい》の体軀《たいく》の持ち主であった。そんなわけで鳳来寺山麓の門谷の人々は、この男が山中で百貫にも余ると思われる巨大な朽木を負うていくのを時折見かけたという。会って話した感じでは、痩せ形のもう六十幾つという年配で、異常な膂力《ひりょく》を備えていようなどとは想われなかった。

この男が一代の間に捕った獲物の数は、鹿だけでも幾百を数え、多い時は一冬に六十二の鹿を捕ったと言う。それはもう三十年も前の事で、その頃はまた猟犬も良いのがいた。タカにテジにフジと、幾度か犬の名を繰り返して聴かせた。中でもテジという犬は、一冬に九貫目以下ではあったが七つの鹿を捕った悧巧《りこう》者であった。山で獲物を見かけて一度傷を負わしておけば、後はそれ等の犬が追いかけて肢を噛《か》み切ってくれた。熊も七つ捕った。その中の一頭は大木の高い空洞《うとう》にいるのを、ただ独りで登っていって、山刀で前肢を叩き切って斃した。これが生涯随一の自慢話であった。その折の光景を旅廻りの絵師に描かせておいたから是非見てくれと言うて、粗末な一幅の絵を取り出してきた。悪いから黙ってなんの批評もしなかったが、それは勇ましい功名談とは似もつかぬ、木の毒なほど貧弱な熊と狩人が描かれてあった。

一一　一つ家の末路

丸山某の養家であった行者越の一つ家は、旅籠《はたご》渡世を表看板としたが、実は代々の狩人であった。養父というのは狩人こそしていたが、実はえらい剣術使いで、由ある者の成れの果てだろうとの噂もあった。それで家には鎗長巻《やりながまき》の類が幾本も蔵ってあった。体は四尺幾寸しかなくて、一眼のちっとも引き立たぬ面構えであったが、剣を把《と》っては並ぶ者はない。行者の又蔵と言えば、その名は遠国まで響いていたと言う。どうした事情で代々こんなところに棲んで狩人をしていたか知らぬが、家は草葺《くさぶ》きの大きな構えであった。明治維新には、ここにも長州《ちょうしゅう》兵が幕府方を追うて入り込んできた。抜身《ぬきみ》を提げた荒くれの武士が十六人、袴の股立《ももだち》をとって鳳来寺道をやって来た時は、街道筋の者は全部雨戸を締め切って隠れていた。その連中が行者越の一つ家の前へかかった時、軒に吊るしてある草鞋《わらじ》を抜身で指して、値はいくらかと訊いた。その事から店に坐っていた又蔵老人と喧嘩《けんか》になった。そうしてあわや十六人が一人の又蔵に飛びかかるかと思われた時、又蔵が落ちつき払って名を名乗ると、聞いた武士がびっくり這《は》いつくばって無礼を詫《わ》びたという。別れ際に老人が、誰やらにも行者の又蔵から宜《よろ》しくと言うと、へへっと叮嚀に挨拶《あいさつ》したそうである。狩人としての逸話はあまり聞かなかったが、剣術使いとしての話は他にもあった。

ある時旅の剣客と術比べをやった。その武士が座敷に突っ立っていて、ヤッと叫んだ時はもう天井を一回蹴《け》っていた。これに反して又蔵の方は同じくヤッと叫ぶ間に、二回ずつ蹴って事もなく勝った。また近くの者が多勢集まった席で、誰でも宜《よ》いから俺を押さえて見よと言うて、畳の下を潜って歩いたそうであるが、それがまるで土鼠のように速くて、どうしても押さえる事が出来なかった。しかしそれほどの又蔵も、生涯にたった一度失敗した事があった。横山の親方とは特別に昵懇《じっこん》でよく遊びに行った。そうして何かの折にそこの下男に向かって、隙があったらいつでも俺を打ち込んでみよと約束した。しかしどうしてもその隙がなかった。ところがある日のこと又蔵は主人と麦畑で立ち話をしていた。下男は知らぬ顔をして、傍で肥柄杓《ひしゃく》をもって麦に肥料を掛けていたそうである。肥料の入った柄杓をもって畝にかけかけ歩いていって、又蔵の足もとへ柄杓の先端が近づいた時、肥料のはいったままパッと脚を打つと、これにはさすがの又蔵も避ける暇がなくて、着物の裾をしたたか汚したと言う。その時ばかりは又蔵も辟易《へきえき》して、俺の方に油断があったからだと頭を掻《か》いたそうである。この又蔵の娘が前言うた狩人を養子に迎えたのであるが、これがまた女に似気《にげ》ない気丈者であった。ある時一人で留守をしていると、夜中に門を叩く者があって、大野《おおの》から来たが一宿頼みたいと言う。言葉に怪《あや》しい節があるので、そっと二階に上がって外を覗くと、黒装束《くろしょうぞく》の男が九人、手に手に抜身を持って立っていた。始終を見てとった女房は夫の鉄砲を片手に握って、只今開けますと言いながら、大戸の掛金を外すと同時に、ドドンと二つ丸を放した。これには怪しい男達が仰天して、一目散に前の坂を駆け降りて遁げた。中に一人腰を抜かした奴があって、それを後から仲間が引き返してきて、引きずって去ったそうである。

その女房も、とくに死んでしまって、たった一人血統を継いだ男の子があった。もう久しい前であるが雑誌「少年世界」の記者の目にとまり、健気《けなげ》な少年として誌上に紹介された事がある。小学校を卒業すると間もなく八名郡大野町の商家へ奉公に出て、その翌年かに、主人の子供が川に溺《おぼ》れたのを救助に跳び込んで、共に溺れて死んでしまった。昔を知る老人達の中には、ひどく惜しんでいる者もあるが、しかしもうなんとも仕様はなかった。数年前その一つ家の建物も取り毀《こわ》されて、跡はもうただの山に還ってしまった。

一二　鹿の玉

行者越の一つ家が潰《つぶ》れたのも、実は鳳来寺の衰微が大いに関係したのである。山内に薬師と東照宮《とうしょうぐう》を祀り、旧幕時代には天台真言の両学頭が並び立って、千三百五十石の寺封を与えられて全盛を極めたものが、明治の改廃と数度の出火に遇って、昔の面影は全くなくなってしまった。

その鳳来寺がまだ全盛の頃には、山内十二坊中の一つである岩本院《いわもと》で、正月十四日の田楽祭りに、七種《なないろ》の宝物の開帳があった。七種の宝物というのは、開祖利修《りしゅう》仙人が百済《くだら》から将来したと伝える瑠璃《るり》の壺《つぼ》、それに竜の玉、熊の角、鹿の玉、一寸八分の籾《もみ》、浄瑠璃《じょうるり》姫姿見の鏡、東照公佩用《はいよう》の鎧兜《よろいかぶと》で、一人十二文ずつの料金を取って拝観させたものである。

名前を聞くといずれも珍宝揃いであった。これ等の宝物はその後いかになったか消息を知らぬが、その中の鹿の玉だけは、岩本院没落の後も、付近の家に秘蔵されている。

　全く偶然の機会から私も一度見た事があった。鶏卵大のやや淡紅色を帯びた玉で、肌のいかにも滑らかなそれは紛れもない鹿の玉であった。この類《たぐい》のものは、まだ他にも秘かにしまってある家があって、実は前にも見た事があったのである。秘蔵者は前から岩本院に縁故のある者であった。いよいよ没落の際、方丈がその者を前に呼んで言ったそうである。この品だけはこの土地に遺しておくからと――。

　しかしそれは後の話で、一方では、どさくさ紛れに盗み出したなどと、陰口を言う者もあったが、いずれにしても伝え遺したのは目出度《めでた》い事である。

　かようの物が、いかにして鹿の体内に生じたかは別問題として、土地の言い伝えによると、たくさんの鹿が群れ集まって、その玉を角に戴き、角から角に渡しかけて興ずる事がある。これを鹿の玉遊びと謂うて、鹿としては無上の豊楽であると謂う。あんな玉を角から角へ渡すのは、容易であるまいなどの理窟は一切触れぬ事にして、さてその玉を家に秘蔵すれば、金銀財宝が自ずから集まり来ると謂う。私の聞いていた話にも、旧家で物持ちだと言えば、あそこには鹿の玉があるげな等と言うほど、物持ちとは縁の深い品であった。

　狩りを渡世にした者でも、滅多には手に入らぬ、よくよくの老鹿でないと獲られない。それでひとたび手に入れれば、随分と高価に売れたのである。前に言うた行者越の狩人なども、かつて手に入れた事があると語っていた。あるいはそれに生玉死玉《いきだましにだま》の区別があって、いかに見事な品でも、鹿を殺して獲た物ではなんの効験もない。群鹿が例の玉遊びに興じているそれを奪ったのでなくては霊能が薄いと言うのである。鳳来寺の岩本院にあったのが実はそれなのだと、これを秘蔵する老人は改めて掌に取って見せた。生玉の証拠にはこう握りつめていると自ずと温《ぬく》もりがあって、幽《かす》かに脈が打ってくると言うて、じっと眼を瞑《つむ》りながら暫《しばら》く抱いて見せた。後で叮嚀に紫の袱紗《ふくさ》に包んでから、奥まった部屋へ蔵いに立った。

この玉を秘蔵している者は、黄金でもあるかに秘密にして、玉があることなどは、さらにおくびにも出さぬのが常である。そんなわけでこっそり秘蔵している者も、案外そちこちの村にあったかもしれぬ。

一三　浄瑠璃姫と鹿

鳳来寺の伝説では、光明皇后《こうみょう》は鹿の胎内より生まれ給《たも》うた事になっている。開祖利修仙人が、かつて西北方にある煙巌山《えんごんさん》の岩窟《がんくつ》に修法中、一日山中に出でて四方を観望するうちたまたま尿を催して、傍の薄《すすき》の葉に放したるところ、折柄《おりから》一匹の雌鹿が来《きた》ってその薄を舐《な》めたちまち孕《はら》むとある。月満ちて玉のごとき女子を産みおとしたが、仙人修法中とてその処置に窮し、ひそかにその子を人に託して郷里奈良に遣わし、あるやんごとなき邸の門前に捨てしめた。その女子後に成人して光明皇后となり給う。しかるにもと鹿の胎内に宿り給いし故、生まれながらにしてその足の指は二つに裂け、あたかも鹿の跂に似ていた。皇后これを嘆き給い、宿業《しゅくごう》滅亡のため鳳来寺の薬師如来に祈願を籠《こ》め、かねて御染筆の扁額《へんがく》を納め給うと言うのである。これは『鳳来寺寺記』の説であるが、別に元禄時代に書いた同寺所蔵の『掃鹿夜話《そうじんやわ》』と言う写本には、その事を実際化して、利修仙人無聊《ぶりょう》のあまり、夜々西方山麓の里に通い、賤《しず》の女と契りついに一女を儲《もう》けたるならん、それを後に鹿にこじつけしものなるべしなどと、さももっともらしく説明している。

しかし私などが子供の頃から耳で聴いた話は、これとはやや趣を異にして、浄瑠璃姫の話になっていた。浄瑠璃姫の伝説は『十二段草子』にもくわしいところで、東海道矢作《やはぎ》の宿の兼高長者が、子のない事を嘆いて、薬師堂に三七日《さんしち》の参籠《さんろう》をし、子種を一つ授け給えと祈ったところ、あたかも満願の夜の夢に、薬師は大なる白鹿と顕じ、汝《なんじ》の願い切なるものあれども、ついに汝に授くべき子種のなければとて、一個の丸を授かると見て胎《はら》むという。しかし土地の伝承では、薬師が白髪の翁《おきな》となって現れ、鹿の子を授くべしと告げ消失せ給うたと謂う。やがて月満ちて生まれた子は、まことに輝くごとく美しかったが、鹿に似て足の指が二つに裂けていた。これを長者が悲しんで、それを隠すために布をもってその足を纏《まと》うたのが、後の足袋の濫觴《らんしょう》であるという。

今から三、四十年前までは、浄瑠璃姫一代の譚として、その次第を謡って渡世にした者もあったと聴いたが、もはや、いかにしてもその文句を聴く事はできなかった。また付近の二、三の家には、姫の姿を描いた小さな掛軸を秘蔵するとも言う。鹿が女子を産んだ伝説は、それからそれと糸を引いて、妹背山《いもせやま》の入鹿《いるか》の話にまでつづいていた。

鳳来寺の東方山麓《さんろく》に、東門谷《ひがしかどや》と言う山に囲まれた小さな部落がある。そこの某弥右衛門という者の屋敷の背戸に、形ばかりの赤錆《さび》の浮いた池があったが、これを俗に入鹿が池といった。鹿が入鹿大臣を産んだ所という一方では、いるかが人の子を生んだとも伝えている。あるいは狩人がこの池の水を鹿笛に湿して吹けば、いかなる鹿でも誘われてくると言うが、はたして今も跡があるかどうかまだ確かめていない。

なおこの東門谷から峰一つ越えた鳳来寺村字峰《みね》の地内に産田《うぶた》という田がある。これは前に言うた鹿が皇后を産んだ地と伝え、ここ十年前までは注連《しめ》を張って不浄を戒めていた。

一四　親鹿の瞳

開創の始めから、鹿とは格別に因縁の深い鳳来寺であったが、世が明治に改まったのを機会に、もう何もかも忘れて、鹿を弄《なぶ》り殺しにした話がある。

前にも言うた岩本院の、本堂の西方寄り、俗に大難所と呼ぶ高い岸壁を背にして、白木造りの立派な建物であった。いつの頃からか、その岸壁の上を、毎朝きまって通る五、六匹の引鹿《ひきじか》があった。寺男の一人が、とうからそれを知っていたが、なにぶん山内の事で、いかに明治の時世といえどもどうする事もできない。いろいろ考えた果てに旨《うま》く生け捕りにして山内を引き出してしまえば良いと、勝手な理窟をつけた。それで寺男はある日麓の門谷に下って、無法者の若者達を語らって生け捕りの相談を決めた。まず青竹を籠目《かごめ》に組んで、鹿が踏み込んだら動きの取れぬような罠《わな》を拵えたのである。そうしてこれを鹿の通る路《みち》に掛けておいた。翌朝行ってみるとはたして十四、五貫もあろう雄鹿が一頭掛かっていた。それを多勢して寄って集って頸から肢にめちゃくちゃに縄を掛け、口には馬にするような轡《くつわ》を嵌《は》めてしまった。二人の男が鼻綱《はづな》を把《と》って、多勢の若者が後から鹿の尻を打ち打ち、九百幾段に及ぶ御坂を引き下して門谷の町へ牽《ひ》き出してきた。軒ごとにその鹿を見せびらかしながら、正月初駒を曳《ひ》くような気分で、町を引っ張り廻した。鹿はいかにも観念したように、もはや抵抗もしなかったそうである。町の有力者の庄田某が、さすがに見かねて、その鹿は助けてやってくれと、いくばくの金包みを若者達に取らせたという。しかし若者達は、その場だけを承知して、やがて村はずれから再び山の中へ引き込んで、そこで殺して煮て喰ってしまったとは酷《ひど》い話である。これを聞いた者はよくよく鳳来寺も没落の時節が来たとひそかに語り合った。その事実というのは、鳳来寺の権威も地に墜《お》ちて、一山が引っくり返るような騒ぎをした、明治四年の事だそうである。

まるきり弄り物ではなかったが、狩人の中には、生まれて間もない小鹿を囮《おとり》にして、親鹿を捕る者があった。狩人が夏山を稼げば、時たま崖《がけ》の下や山崩《なぎ》の跡などに、滑り込んでいる子鹿を拾う事があった。そうした時は、親鹿が近くにいる事は判っているので、すぐ殺さず近間の木などに繋いでおく。そうして時折、ギーと鳴かせて親鹿を誘《お》びき出す囮にしたのである。親鹿は子鹿の姿が見える間は、幾日でもその場を去らぬ習性がある。それでどこかしらからじっと見ていたのである。もし人がいれば何よりもその瞳に注意する。双方の瞳と瞳とが遇うと、はじめて遁げて姿を匿す。そんなわけでこの猟法は、よほどの技巧を要するが、何度も失敗を重ねると、ついこちらも意地になって、一日ぐらいその場に寝込んで待つ事もあった。しかしそうなっては、決して撃てるものではないと猟師の一人は語っていた。

こうして子が捕えられれば、親は見えがくれにこれを見守っているが、それと逆に親鹿を撃つと、子鹿がその軀《からだ》を慕って離れようとしない。犬でもいればすぐ嚙み殺すから造作はないが、さもない時は、親鹿を舁いでくる後から、とぼとぼと随いてくる。そのいじらしい姿には、荒くれの狩人もさすがに刃はあてられなかった。なお、子鹿の事をコボウまたはコンボウとも謂うた。

子鹿に対して二歳鹿の角に岐のない場合を、ソロまたはソロッポウと言うている。

一五　鹿の胎児

肢腰《あしこし》の発達がまだ不充分で、山の岨《そば》から滑り落ちるような子鹿は、時に親鹿一つ取る囮にもならなかったが、それがまだ親の胎内にある間は、狩人にとっては別に一匹の親鹿を捕るよりも巨きな利得となったのである。

鹿の胎児《はらご》をサゴともまた胎籠《はらごも》りとも謂うて、その黒焼きは産後の肥立ちの悪い者などに、この上の妙薬はないと言われた。今日ではそう見かけなくなったが、以前はどこの村へ行っても、蒼い血の気のない顔をした女を、一人二人は見かけたもので、したがって需要も多かったのである。

明治初年頃、普通の鹿一頭が五十銭か七十銭の時代に、サゴ一頭が七十五銭から一円にも売れたというから、狩人は何を捨てても孕み鹿に目をつけたのである。そのため一年に一頭しか殖えぬ鹿の命数《めいすう》を、縮める事など考える余裕はかれ等にはなかった。胎児《さご》は旧暦の春三月、親鹿が肢に脛巾《はばき》を穿いた季節が最も効験があると謂う。脛巾を穿くとは畢竟《ひっきょう》鹿の毛替わりを形容した言葉であった。鹿は春先の木の芽の吹き初める頃から、冬の間の黒味を帯んだ毛が抜けはじめる。そうして初夏田植えの盛り頃にはすっかり赤毛に替《か》わって、真っ白い斑が表れた。この季節の鹿を、俗に五月《さんき》の中鹿《ちゅうじか》と謂って、鹿が鹿の子《こ》絞りの菖蒲《しょうぶ》かたびらを着たのである。鹿の子への毛替わりは肢の蹄《ひづめ》の付け根から始まって、だんだん上へ及ぼすので、あたかも膝まで替わった時が、言わば脛巾を穿いた期であった。この時期に遠くから望むと、いかにも柿色の脛巾を着けたように見える。月で言うと、その時サゴは五月目であった。鼠よりも心持ち大きかったが、肌にははや美しい鹿の子の斑が表れている。サゴの最も効験ある時期として、親鹿の腹を割いて取り出した時、掌に載せて眺める程度が良いとも謂う。

晩春花が散り尽くした頃は、サゴははや猫ほどに成長して、もう誕生に間もなかった。そうなると効験が薄いとされて高価には売れなかった。そこで猾《ずる》い狩人などは、今一度皮を剝《は》いで形を小さくした。真っ赤な肉の塊のような物を、さすがに気が咎《とが》めるか、遠い見知らぬ土地へ持ち出して売ったのである。

鹿の肉も薬だと言うたが、角《つの》も熱さましになるとて、小刀などで少しずつ削って持薬に用いる者もあった。

一六　鹿捕る罠

冬の終わりから春先へかけて、鹿はよく人家の小便壺《つぼ》についた。鳳来寺山麓の門谷などでも、以前は夜遅く用足しに出ると、二四三四ぐらい暗がりへ影を消す姿を見る事は珍しくなかった。山犬などもそうであるが、鹿はことにこの季節に生理的に塩分の不足を感じたのである。山中などでも、人が用足しした後を索《もと》めて遠くから集まってくると言う。

狩人がハネワという罠《わな》で、鹿を捕ったのもその季節であった。ハネワはすなわち跳《はね》罠《わ》で焼畑《やきはた》近くなどの、大体鹿の集まりそうな地を選んで仕かけたのである。その方法は、まず鹿を吊るし上げるに充分な立木を見立てて、その前に落葉を堆《うずたか》く掻き集め、落葉の周りを枯枝の類で柵を結って囲う。しかして一方に口を明けておき、そこに跳《はね》罠《わ》を仕掛けるのである。最初に見立てた立木を曲げて、それに藤蔓で輪を拵えて吊り下げる。一方別の藤蔓をもってバネ仕掛けを作り、これをもって木を撓《たわ》めておくのである。そうして囲いの中の落葉へ尿をしておく。鹿がやって来て落葉にかかった尿を舐めようとする時、頸《くび》がバネに触れて外れて、曲げた木が旧《もと》に跳返る勢いで、藤蔓の輪で鹿の頸を括《くく》り上げるのである。説明が少しややこしいが、要するに尿を舐めにかかる鹿の頸を、曲木の跳返る力で括り上げるのである。

一人がハネワで鹿を捕ると、吾も吾もとその傍へ仕掛けたものである。一ヶ所に同じような罠が三つ四つぐらい並ぶ事は珍しくなかった。しかし後から真似た罠には不思議に掛からない。これは北設楽郡豊根《とよね》村黒川付近の話であるが、ハネワが三つも四つも並んだ中で、同じ罠にばかり、三日も続けて掛かった事もあったと謂う。不思議な事にハネワに掛かるのは雌鹿ばかりで、雄鹿はかつて掛かる事がないと言われる。あるいは雄鹿だと角が邪魔になって、旨く輪が頸に絡まぬためかと思うが、狩人の一人はそうは説明しなかった。雌鹿のことに子持鹿が尿を好くからだと言うのである。そうすると人の尿についたのは、独り伝説の雌鹿ばかりではなかったのであ

はね罠と鹿

る。別の狩人の話であったが、その頃の鹿は朝早く、枯草に置いた霜を舐めているのを見ると言う。

鹿を捕る方法には、ハネワの外にヤトがあった。ヤトの事はすでに猪の項に説明したところである。それを焼畑などのワチの蔭《かげ》に立てて、中に跳び込む鹿を刺すのである。夏分蕎麦《そば》の種に菜種や麦を混ぜて播《ま》くと、蕎麦を刈り取った後に、菜種や麦が青々と伸びている。山が冬枯れるに従って、この緑に鹿が付く。高く結ったワチに前肢をかけて、鹿が中に跳び込むとそこにヤトの尖《さき》が鋭く光っていたのである。朝早く見廻りにいくと、胸や腹を深く貫かれて息切れている鹿を見出すのは珍しくなかった。そうして一冬に一つ畑のワチで、七つも捕った事があると、名もない狩人の手柄話の種になったのは哀れである。

一七　大蛇と鹿

大蛇が鹿を追ったと言う話がいろいろあった。

滝川の村から小吹川《こぶきがわ》に沿うて、一里ほど山奥へ入り込んだ所に、小吹と言う一つ家《や》があった。そこの山には大蛇が棲むともっぱら言い伝えたが、かつて鳳来寺村布里《ふり》から、山越しして来た男は、行く手に松の大木が倒れていると思って近づくと、それが実に蛇の胴体であったという。ある時滝川の狩人が、朝早くそこへ引鹿を撃ちに行くと、見上げるような高い崖の上から一頭の大鹿が転がり落ちてきた。不思議に思って崖の上をふり仰ぐと、今しも一匹の大蛇が、鎌首を差し出して下を覗いているのに、びっくりして遁げてきたと、そういう話もあった。

伊那街道筋の双瀬《ならせ》にもこれとほぼ同じような話があった。そこに高く切り立った物凄い崖があって、上の方が虚空に差し出ている場所だそうであるが、ある時狩人の一人がその下に憩《やす》んでいると、崖の上から何やらひどい音をさせて転がり落ちてきた物がある。見るとそれは一頭の鹿で、前の話と同じように蛇に追われて落ちたのである。これに似た話は他でも聞いた事があるが、八名郡石巻《いしまき》村の出来ごととして語られていた話は、別に不思議な因縁談がからんでいた。

ごく新しい事だと言うて、その者の名前まで聞いたが残念ながら忘れた。某の狩人が朝まだ暗いうちに起きて、石巻山に鹿撃ちに出かけて、山の中腹の崖の下に夜明けを待っていた。その崖と言うのはいわゆる懸崖《けんがい》で、高い岩が屋根のように差し出して、崖の上は遥かに峰続きになっている。アギトと言うて、さらに上には登る事のできぬような地形である。その岩の頭へ姿を見せる鹿を撃ちに行ったのである。すると夜の明け方に思いがけなく岸の上から、一頭の大鹿が転がり落ちてきた。驚いて崖を見上げると、高い岩の上から、二間もある鎌首を差し出して、恐ろしい大蛇が下を覗き込んでいる。びっくりして鉄砲を取り直し、蛇を目がけて夢中で撃った。すると恐ろしい音を立てて蛇は手繰るように落ちてきて、えらい苦しみをして死んだ。狩人はそのまま鹿を引っ舁いで、どんどん家へ遁げかえると、戸口に女房が真っ蒼な顔をして倒れている。数々のふしぎにすぐ助け起こしてだんだんわけを聞くと、女房は夫を送り出して一眠りする中に夢を見たのだそうである。その夢というのは、女房が一匹の大蛇になって鹿を追いかけていくと、その鹿が崖の下へ転がり落ちたので、上から覗き込むと、下に狩人がいていきなり鉄砲で撃たれた——という。そこまでは記憶にあるが、それからさきは夢中で、床を転がり出して門口で倒れたものらしい。段々の次第が、男が蛇を撃った時刻と符合するのである。

この話にはまだ欠けた点があるようである。私が聞いたのは小学校へ通っている頃で、その途《みち》すがら、私よりも四つ五つ年上の子供が、昨夜中村（宝飯《ほい》郡中村）の伯父が泊まって父に話したのを、脇から聞いた事だと付け加えた。今ではもうその子供もその父親も死んでしまって、詳しい事を聞き糺《ただ》す術もない。同じ八名郡の鳥原《とりはら》は、昔から大きな蛇がたくさんいる所と伝えられ、ある時は鹿を啣《くわ》えた大蛇が、山の裾を草を押し分けて走るのを見た者があったと言う。

一八　木地屋と鹿の頭

かつて長篠駅から海老《えび》へ往く街道で道連れになった男があった。道々何かと世間話をする中に、北設楽郡田峰《だみね》の者と知れた。その男から聞いた事であるが、田峰の奥の段戸山《だんどさん》御料林中の、水晶山の木地屋部落へ入り込んだ時、そこの有力者らしい家に、見事な鹿の角が二つ、頭づきのまま座敷に飾ってあった。なんとかして一つ譲ってくれぬかと、掛け合った末、三十円まで出すと言うたが、つい肯《がえん》じなかったそうである。そこはごく新しい木地屋部落で、以前は二、三戸しかなかったのが、たちまち二、三十戸に殖えたのである。その地へ初めて木地屋たちが入り込んだ頃は、付近の山中に、まだ十五、六ずつも群をなして、遊んでいる鹿を見る事は珍しくなかった。因みに段戸山の鹿は有名なもので、次も同じ山中の話である。

某の杣《そま》が山中の小屋に働いていた時の事、一日ひどく雪が降って、仕事が思わしくできぬところから仕様事なしに小屋の前に立っていると、向かいの日陰山に鹿が二匹遊んでいるのが見える。某は退屈凌《しの》ぎに仲間を誘い合って、その鹿を遠巻きにして追い立てた。それと知った鹿は一気に峰を越して遁げ去ったので、一同笑いながら小屋へ引き返してきた。するとその途中の一叢《ひとむら》伐り残した木立の中に何やらムクムク動く物がある。よくよく見るとそれは鹿の群で、およそ二十頭ばかりも集まっていた。尻と尻とを押し合うようにして、木蔭に塊り合っていたそうである。これもすぐに追い散らしたが、前に鹿を追った時、どうして遁げなかったものかそれが不可解であると語った。

おそらく雪を避けて集まったものであろうという。それは日露戦争の終わった頃の事で、某は三十を少し出たくらいの年配であった。

これも鹿の群の話で、私の村の山口某の実見談である。ある年の夏急病人の飛脚を頼まれて段戸山の山小屋に向かった。かなり道を急いだが途中の田峰村でもう日はとっぷりと暮れた。そうして奥の金床平《かなどこだいら》へ差しかかった頃は、ちょうど旧暦八月十五日の月が、昼間のように明るかったそうである。見渡す限り広々とした高原を歩いてゆくと、そこいら一面に鹿が幾群となく遊んでいた。まるで放牧の馬でも見るように、何十と数知れぬ鹿が、半身に月光を浴びて野面に散らかった光景は、薄気味悪くはあったが見ものでもあった。人間の行くのも知らぬ気に悠然と歩いていた。中には道の中央に立ち塞《ふさ》がったり、脇から後をじっと見送っている鹿もあった。

目ざす山小屋へ辿り着いた時はかなり夜が更けていたが、そこへ往くまでの間、高原を出離れてからも、五つ六つぐらいずつ連れ立って通るのに何回となく出つくわした。明治二十年頃のことで、山口某はその頃まだ二十五、六の青年であった。

一九　鹿の大群

五十年ばかり前、段戸山中の菅原《すがひら》の奥の中《なか》の河原《かわら》で、川狩りの人夫達が材木を流していると、近くの深い萱立《かやたて》を、木の枝を振り翳《かざ》した裸形《らぎょう》の屈強な男が、一頭の大鹿を追いかけてきたのを見たと言うた。その人夫たちが、だんだん材木を流して川を降って、私の村に泊まった時にその事を語って聞かせた。裸形の男はおそらく山男の類であろうと言う。

次の話は、その中の河原付近が、もう嘘のように木を伐り尽くしてしまった後で、さらに三里ほど奥に伐木作業をやっていた某の杣が現実に見た事である。

年次を繰ると明治三十年の冬だそうである。それはいつになく寒い年で、この模様では雪も近かろうから、山には永くはいられぬと語り合っていた。その時某は、仲間の八人と一つ小屋に寝起きしていた。前日までに予定の仕事が一通り終わったので、その朝は早く起きて、各自の持ち場を決めるために一同小屋の前に立って、山割りの相談をはじめたが、山の朝はまだ暗かった。

　その朝に限って脚下の窪の底一帯に深く霧が立ち罩《こ》めていた。某は仲間の者とは一人離れて立って、窪を埋めた霧を茫乎《ぼうこ》と見ていた。ぼんやり見ている間にその霧がモコモコと湧き上がるように上へ上へと拡がってくる。そうして雲のように近づく霧の色がだんだん淡紅色に変わってきたように思われた。そうこうする間に、アッと声を揚げんばかりに驚いた。見ると今まで霧とばかり思いこんでいたのが、それは何千何百と数限りない鹿の群である。次から次へ湧いてでもくるように、先登から脇の峰へ向けて、風のように一斉に走っている。その時は他の仲間の者もみんな気がついていたが、誰一人声を立てる者もなかった。じっと突っ立ったまま、それ等の鹿がことごとく通り過ぎるまで、立ちすくんだように見とれていた。

　この事があってから急に山が怖ろしくなって、後一日働くと荷を纏《まと》めて小屋を引き払って帰ったというが、某はその時二十一か二の青年であった。

　鹿の大群の話はしばしば耳にするが、こうした例はかつて聞いた事がない。にわかに信じがたい気もするが、暫く話のままを掲げることにした。実はこれも獣たちの最後を飾る物語の一つであろうもしれぬ。

断片的な、とりとめの無い話の続きがつい長くなった。極めて狭い、東三河《ひがしみかわ》の一小部分、わずか十方里に足りぬ地域であるが、そこに出没した鹿には自ずから区別があった。北から南へ、垂直に線を引いた寒峡川豊川の右岸地帯に棲息した鹿は、川の東の遠江の山地にいた物より遥かに長大であった。前に言うた本宮鹿がそれである。これに反して遠江の山地に近づくに従って、だんだん小さくなって、俗に遠州《えんしゅう》鹿と呼んだ物は、雄鹿の三叉でも七、八貫が止まりであった。山に岩石ばかりが多く食物が充分でないためだと言われている。鹿の生活にも又地の利が影響したのである。

狸

一　狸の怪

狸という奴は、たしかに変な奴だと、始終狸を捕っている男が話した事があった。まだ五年と経たぬ新しい話である。仲間と二人で村の池代《いけしろ》の山で穴を見つけて、いよいよ穴の奥まで掘って、枯葉を敷きつめた寝床まで掘り詰めたが、狸の姿はさっぱり見えぬ。こんなはずはないたしかにいるはずだが、どこか抜け穴でもあるのじゃないかと、掌《てのひら》で撫《な》でるように探したが抜け穴もなければ狸もおらぬ。それにもう一面に岩が出てしまって、これ以上掘ってゆく先とてもない。しかも深い横穴で中が暗くて仕方がない。蠟燭《ろうそく》でも点《とも》してみたらと、わざわざ一人が里へ取りに返って、中を隈なく探したがどうしてもいない。穴の口の様子では、二匹や三匹は間違いなくいるはずだが、それでは今日は穴の口に囲いをしておいて、明日もう一度来てみようと、その支度にかかったところへちょうど見物に来た男があった。そこでそれまでの経過を話したところ、その男の言うには、昔から狸は燻《いぶ》せば出ると言うから、試しに燻し立ててみたらどんなものかと言う。なんだかあてにならぬようにも思ったが、他に良い方法もないので、ともかくやってみることにした。早速枯葉を掻《か》き集め、上に杉の青葉を載せて、煙をどんどん穴の奥へ煽《あお》り込んだ。一方抜け穴でもあって、煙の出る道でもあるかと、一人は外で見張っていた。するとものの二分間も経たぬのに、ひょっこり煙の中から狸が一匹跳び出してきた。すぐ用意の刺股《さすまた》で押さえつけて摑《つか》まえはしたが、ただ不思議でならぬのは、それまで狸がはたしてどこに隠れていたか、いくら考えても判らぬと言うのである。

同じ男が以前別の山で狸を捕った時の話がある。およそ六分通りも穴を掘ったと思う時分に、はや一匹跳び出してきた。すぐ持っている鍬《くわ》で撲《なぐ》りつけるところりと死んだ。そこで肢《あし》を縛って傍の木の枝に吊《つ》るしておいて、まだあとに二匹や三匹はたしかにいると、さらに穴を掘りにかかったそうである。穴を掘りながら傍に吊るしてある狸を見ると、括《くく》ってある縄が切れそうで、危なかしくて仕様がない。そこで相手の男を顧みて縄を代えよと言うと、すぐ諾《うなず》いて狸を下ろして縄を解いた。代わりの縄を取ってくれと言うままに、鍬の手を休めて脇に置いてあった縄束を投げてやった。それを相手が手を伸べて受け止める、そのほんの瞬間だった。縄を受け取るためひょいと手を伸ばした隙《すき》に、死んでいたはずの狸がむっくり起き上がるが否《いな》や、手の下を潜《くぐ》って走り出した。それっと慌てて追いかけたが、もう間に合わない。狸はもうどこともなく逃げてしまった。それがほんのちょっとの隙でなんとしても諦《あきら》め切れなかったと言う。随分ひどく撲って、たしかに死んだと思ったがやはり嘘死であった。それにしても吊るしてある縄が頻《しき》りに気になったのが、そもそも怪《あや》しいと不思議がっていた。嘘死であるのか、それともほんとの仮死か、いずれにしても狸にはよくある事だそうである。

二　狸の死真似

よく言う狸寝入りは、ほんとの狸にはまだ聞いた事がない。しかし死真似の方は、狩人に聞いても確かにあると言うている。山で狸を追いかけてドンと一発喰《く》わした時、ころりと見事に引っくり返った時などは、なかなか油断ができぬ。猟犬に追いかけられた時でも、犬が追いついて一噛《か》み当てたと思うと、もうぐったりと参る事がある。そんな時に限って隙を窺《うかが》っているので、犬でもうっかり遁《にが》す事がある。しかし老巧な犬は、やはりその間のことをよく識《し》っていて、決して油断をしないと謂《い》う。

鳳来寺《ほうらいじ》村峰の、音吉という狩人だと聞いている。ある時分垂《ぶんだれ》の山から追い出した狸を田の中へ追い込んでおいて犬を向けると、すぐ咥《くわ》えてきたそうである。その狸を家へ提げてきて、土間へ転がしておくと、犬は傍を離れずに番をしている。ちょっとの間背戸へ用達しに出て帰ってみると犬が門口で狸と噛み合っている。見る見る犬が咥えて噛み殺しはしたが、もしもその時犬がいなかったら、その狸はとっくに遁《に》げてしまったろうと謂う。

また同じ村のある男は、撃ってきた狸を土間に置いて炉辺に坐《すわ》って飯を食っていた。すると戸外に繋《つな》いである犬が頻りに吠《ほ》え立てるので、格子の間から覗《のぞ》いてみると、死んでいたはずの狸がそっと頭を持ち上げている。こやつ嘘死だなと感づいて、エヘンと一つ咳払いをやると慌ててぐたりとしてしまう。そして暫《しばら》く経ち四辺がまた少し静かになると、そっと細目を開けて様子を窺っている。エヘンとまた一つやると慌てて眼を閉《ふさ》いだ。

また滝川の狩人某は、椎平《しいだいら》の山で、狸が山の裾《すそ》を遁げる所を撃つと、飛び上がってころりと転がったそうである。それを家に舁《かつ》いで帰って、半日ほど土間の天井へ吊るしておいてから、下ろして皮を剝《は》ぎにかかった。背中を半分剝ぎかけた時、急に何か用事ができて、狸をそこへ置いたまま隣の部屋へ行った。するとその背中を半分剝がれた狸が、のそのそ這《は》って背戸口から外へ遁げ出した。そこへ折よく家内の者が来て、大騒ぎをやって、やっと捉《とら》えた事があったと謂う。鼠などにはよくあった。長押《なげし》の上を走るところを、箒《ほうき》などで払うと同時にばたりと落ちてくる。尻尾の端を摑み上げ、表の端まで持ち出して、そこに置くか置かぬ間に、ちょろちょろと遁げてしまう。これなどは、一時気絶していたと言えば言えるが、前の狸の場合のように背中を半分剝がされてから、初めて正気づいたとしては少しく変である。そうかと言ってそれまで死真似をしていたとすると、えらく辛抱強い事である。いずれにしても、いかにも世間でいう狸らしいやり方ではある。

三　狸の穴

狸の穴に注意している者は、山の外観を一渡り見ただけで、そこに穴があるかどうかがすぐ判ると謂う。多く雑木山の、あまり深くもない、峰から少し降《くだ》ったあたりが、狸の好く所だと謂う。

貉《まみ》の穴などもそうであるが、狸の穴には必ず沢谷の水のある所へ向けて、細い径ができている。朝晩きめて通うわけでもあるまいが、そこは綺麗《きれい》に叩《たた》き土のようになっていた。尻尾の掃木《ほうき》で撫でて通るなどとも言うた。こうして穴には水を求める径の一方に便所がある。一口に狸の溜《た》め糞《ぐそ》というくらいで、穴から数間離れた位置に、一ヶ所に夥《おびただ》しく積んである。時折位置を替えるらしく、古い糞の跡をそちこちに見る事があった。はたしているか否かは、この糞の様子からも判別したのであるが、時によって、二日三日ぐらい留守にする事もあるというから、糞が新しいだけでは狸の在否は決められない。

穴は、入口から少しはいった所が、最も狭いそうである。それからはだんだん奥へ進むに従って広くなって、最後に枯葉や枯草を深く敷き詰めた一廓《かく》がある。ここが寝床で大きい穴になると、畳二畳敷ぐらいは珍しくない。あるいはまた穴によって、寝床の奥に一段と高い場所がある。これは湿気の多い時の用意であると謂われている。雨の劇《はげ》しく降った後などは、寝床に一面水が溜まっている事もある。そうした時のために必要だったのである。

狸の穴狩りは口元から縦にだんだん掘っていって、中から跳び出してくるところを、あらかじめ用意した木の刺股で押さえるのである。しかし犬がいれば、中へ入って咥え出してくる。この場合には、大きな犬は駄目である。しかし、一つの穴に二匹も三四もいる時は、犬も容易に咥え出すわけにはゆかぬそうである。狸の穴では、一つの穴に一匹と言う事は滅多にない、大抵二匹以上はいる。多いのになると、六匹七匹もいた話がある。それが貉《むじな》となると、遥《はる》かにたくさんいるそうである。マミットーと言うて、貉は一つの穴に十いるものだなどとも謂う。

狸は冬至十日前に穴へ入って、八十八夜過ぎに穴から出る。その期間なら間違いなく穴にいたのである。しかし穴狩りをする者は、入口に茅《かや》の葉など挿しておいて、その茅の靡《なび》きぶりで、在否を測る事もあった。

以前は狸の穴を見かけても、よくよく手軽にゆく場所でない限り、手を出さなかったが、近頃では見つけ次第に、一日二日を費やしても掘ってしまう。岩窟《がんくつ》などを利用した堅固な穴でも、ダイナマイトなどで砕いて捕ってしまう。それでたちまち少なくなって近年では、年にたった二匹か三匹しか捕らなんだと、村の狸掘りの名人も零《こぼ》していた。

私の家の近くの藪《やぶ》に、昔からあると言い伝える貉の穴があった。車も通るほどの街道の脇で、まさかもういなかろうなどと済ましていたが、近所の者の談では、夕方などそこを通ると、時折見る事があると言う。狸ならよいが貉では、竹の根をわけて難儀して掘っても勘定に合わぬなどと、村の狸掘りたちが言うていたから、あるいはそんな事からまだいたのかもしれない。

四　虎挟みと狸

狸を虎挟《とらばさ》みで捕った時代は、もう三十年も前に過ぎていた。あてもない山へ何ほどかけておいても、自体いなくなったものが、やって来て掛かりようはなかった。それよりも後を尋ねて出かけて行けば、間違いなかったのである。ひところかんしゃく玉というのを噛ませて捕った事もあったが、警察がやかましくてすぐ駄目になった。それでも虎挟みで捕った頃には、面白いように捕れたそうだ。背戸の山へ三つ掛けて、それがみんな外れていた事もあった。皮を剝《は》いで軒に吊るすか吊るさぬ間に、もう皮買いが来て買っていった。皮の値も今から思うとその頃は嘘のように廉《やす》かったが、それでもあくせくと百姓などするよりは割りが宜《よ》かったと、これは北山御料林《きたやまごりようりん》下の街道端に、茶店を出していた爺《じい》さんの述懐である。その頃は前の畑もたった一枚しか作らず、後は全部草生《のぼこ》にしてあったものだ。それが狸や狐がだんだん少なくなるにつれ少しずつ拡げていって、十年この方は、麦も毎年何俵かとれるようになった。五、六年前から、田も作って去年は米が六俵もとれたと言うていた。

しかし盛んに虎挟みを使った当時は、捕るにも捕ったが一方随分馬鹿な真似もして、とんだつまらぬ目を見た事もあった。見事な狸が掛かって、後ろ肢だけ挟まれて、ピョンピョン跳ねているのを、みすみす遁がした事もあった。今思うといまいましい話であるが、その時はつい妙な気が出て、せっかく生きているものを、すぐ撲殺しては興味がないから、一つ苦しむところを見物してやれと、腰から煙草入れを出して、傍に坐って悠々と喫《の》み始めた。狸の罠《わな》に挟《はさ》まれている肢の肉が破れてしまって、中から真っ白い筋がはみ出していた。残り一本の筋肉だけが罠の鉄に引っ掛かっている危ないところであった。狸がもがいて暴れるたびに、少しずつ伸びるのが判った。それでもまさか遁げようとは思わなかった。それで「手前がいくら暴れてももはや遁げられぬぞよ」とのんきに毒づいたものだ。そのうち狸が一段ひどく暴れたと思うと、プスリと音がして、どんどん遁げてしまった。あまり馬鹿馬鹿しくて、つい声も出なんだと言うていた。筋肉を断ってしまったのである。もぬけの殻の虎挟みを提げて、渋々帰ってきたそうであるが、後になってその話を狩人の一人にすると、俺も狸ではそんな目に遇《あ》ったと、同じような経験を語ったそうだ。そうすると狸には、間々ある事だったのである。

五　狸を拾った話

山の中で狸を拾ったからとて、格別珍しい出来事でもなかったが、実は狸一匹捕るにも容易でなくなった頃だけに、話の種にもなったのである。ある時村の某《なにがし》が、朝早く山田へ麦播《ま》きに行くと、途中の田圃《たんぼ》の中に、狸が一匹まごまごしている。今頃狸のいるはずがないがと、暫く立ち止まって見ていたが、紛れもない狸なので、すぐ引っ捉えて撲殺してしまった。見ると眼から眼を撃ち抜かれた盲目狸だったのである。近所で撃ちもらした話も聞かなんだから、よほど遠い所からでも迷ってきたものであろう。話はただそれだけであったが、実はその同じ場所を一足先に通っている男があったのである。拾った男とは隣同志で、上と下の屋敷であったが、どうしたわけかひどく仲が悪くて、お互いになんとか悪口の一つも言わぬと、気のすまぬ間柄であった。しかもそれが家ばかりではなく、田圃も隣り合って作っていたのである。

それで拾った男は、その狸を担いでそのまま田圃へ行ったが、自分の田へは行かないで、先に来た隣の男の傍へ行った。そうして出し抜けに狸を手に吊るして見せながら、次のような事を怒鳴った。「いかに田が可愛いとは言え、朝も暗いうちから起きて脇目も触れずに来るから、こんな福が落ちていても拾う事ができまい。道を歩くにも少しは気をつけて歩け――」と。あんな無法を吐く奴に遇っては叶《かな》わぬと、拾わぬ方の男がひそかに語ったものであった。

いかにも論外の無法に違いなかったが、田舎にはまだこうした感情の持ち主がおったのである。極端に昔風の、物質に対して何の執着もない気持ちから考えると、祭日にも隠れて働きたいくらいに、朝から晩まで仕事に熱中して、少しずつ家産を増やしていく男の態度が、羨《うらや》ましいとか妬《ねた》ましいなどの気持ちでなしに、度し難い馬鹿者のようにも見えたのである。まったく狸一匹が、米一俵に近い相場のした年であったから、せっかく先に通っても、福運を見遁《みのが》すような者は、馬鹿者に違いなかったのである。

話がまた元へ戻るが、狸は時折人家の軒などへ、手負いになって迷ってくる事があった。ある家で早く戸を開けると、表の端に大きな奴が一匹よちよち歩いている。見ると犬にでも嚙まれたか体中血だらけにして、人が近づいても遁げる力もなかった。さすがにその家では殺しかねて、せっかくの福を近所の若い衆に譲ってしまった。

六　砂を振りかける

狸は人を嚇《おど》す場合に、尻尾《しっぽ》で人の頭を撫《な》でたり、後から砂を振りかけると謂う。鳳来寺道中の、追分を出離れて分垂橋《ぶんだればし》の袂《たもと》を通ると、狸が尻尾で頭を撫でるともっぱら言うた。それが嘘話でなく事実であったかと、この頃になって思った事がある。そこは橋の袂に赤松が五、六本繁《しげ》っていて、中に一株道の上へ幹の差し出たのがあった。もう三十年も前であるが、村の某の狩人が暮れ方通りかかると、犬が上を向いて頻りに吠え立てる。もう夕方が近いので、そのまま通り過ぎようとしたが、犬の吠え方が劇しいので上を仰ぐと、横ざまになった幹に、狸が一匹上っていたそうである。すぐ撃ち殺して提《さ》げてきたが、全く思いがけぬ事だったと語っていた。

八名《やな》郡大野《おおの》から遠江《とおとうみ》へ抜ける途中の、須山《すやま》の四十四曲りの坂へは、狸が出て通る人に砂を振りかけると言うた。それで夜分など滅多に通る者もなかったそうである。ある時大野の者が、須山から日を暮らしてこの四十四曲りにかかると、後から少しずつ砂を振りかけるものがある。初めはさほど気にもしなかったがだんだん薄気味悪くなって、足を速めるとなお盛んにかける、果てはおそろしくなって、どんどん駆け出すと、駆けるほどますます振りかける。夢中で坂を駆け崩れてきて、蒼《あお》くなって途中の人家へ飛び込んだ。後になって考えると、自分の穿《は》いていた草履が跳ねる砂だった事が判り、大笑いしたそうである。しかしこんな話は別として、四十四曲りのある個所《かしょ》では、現に小石混りの砂を振りかけられた者が確かにあった。また某の修験者は、そこを通り狸に誑《ば》かされて、一晩中山の中をうろついて、須山の村で借りた提灯《ちょうちん》は骨ばかりになり、自分の着物もほとんどめちゃめちゃに引き裂き、体中を茨掻《ばらが》きにして朝になって帰ったと言う。修験者を誑かすほどの狸なら、砂をかけるくらいは朝飯前の仕事だったかも知れぬのである。

七　狸と物識り

貉の皮を狸と間違えて買った話がある。ひどい山の中などに、よくある手だと言う。板に張って吊るしてあるのを、何も知らぬ町育ちの行商人などが、なんの皮だなるほどこりゃ狸だねなどと、お愛想のつもりで言うと、ああ狸だがいくらかにならぬかいなどと空恍《そらとぼ》けている。なんだこの爺狸の相場を知らぬのかと、ついむらむらと慾《よく》が出て狸でその値なら安い物だ、いかにもこんな山の中では、世間の相場は知るまいなどと一人ぎめして、慌てて金を払って担いできた。お前貉《まみ》の皮を買うかいなどと、途中で話しかけられてぎょっとした。貉では狸の値の十分の一にもならなかったのである。どこから買ってきた、ああまたあいつに欺《だま》されたかなどと笑われて、泣き出す者もあったそうである。それでもまだ諦め切れないで、狩人という狩人の家へ、いちいち寄って訊いて廻って、いくらでもいいから、そこらに置いて売っておくれと、投げ出して行く者もあったと言う。

貉と狸とは見た目ですぐ判ったのであるが、それは狩人の話で、素人には容易に判別がつかぬ。そうかと云うて狩人でも判らぬ場合もまたあった。

狸だ貉だとさんざん争った末に、村の物識《ものし》りの所へ担ぎこんだ話がある。その物識りと言うのは盲目であった。座敷に寝ていて言うたそうである。肢にあかぎれがあるかと、そう言われて見たらいかにも肢の裏にあかぎれがあった。そんなら狸だぞよと、寝ていて見分けたなどと言うた。その妙な物識りは、忠兵衛と言って十七の年に眼を患い二十歳の時にはかいもく見えなかったそうである。それでいて村の事ならなんでも識らぬ事はなかった。眼が見えなくなっても山の地境や地形、どこの山にどんな石のある事まで、不思議なほどよく識っていた。あの人が眼が見えたらと、惜しまぬ者はなかったと謂うが、晩年はことに気の毒な境涯であった。

女房に死に別れてから、後添えを迎え、その間に娘が一人あったが、間もなく後添えは恐ろしい業病が出て、村で作った山の中の小屋で死んだ。その後娘が十三の年に、罪業障滅のためとあって連れ立って廻国に出た。西国八十八ヶ所から、奥州《おうしゅう》の塩竈《しおがま》まで廻った。そうして最後に村へ帰った時は、江戸の雉子橋《きじばし》御門の長屋で、従弟《いとこ》に遇ってきたと言うて、ひどく喜んでいたそうであるが、それから間もなく亡くなった。その娘も業病の母をもったために、可哀相《かわいそう》な身の上であった。ひどく親思いの娘だったというが、十三の年から廻国をし通して、どうした事情であったか、十七の年に美濃《みの》の岩村《いわむら》で、雪の中に凍えて倒れていた。それが廻国姿であった。助けられて家へ帰って死んだそうであるが、もう百年近くも前の話である。

八　狸の火

狸はやはり火を点すと謂う。青いともまた赤い色をしているとも謂って、きまっていないようである。しかし一方には、狸の火は赤く、狐の火は青く、天狗の火は赤くて輝きがあるなどともっともらしく語る者もあった。山陰にはいっても、木立に障《さえ》ぎられても、同じように見えるところに特色があるという。

長篠《ながしの》の医王寺《いおうじ》から、横山《よこやま》の方へ向かって山を越してきて、本街道へ出る辻《つじ》のあたりは、よく狸が出て嚇す所と聞いたが、またそこで火を点すとも言うた。

山路をだらだら降ってきて本街道の辻へ出ると、前が寒峡《かんさ》川の広い谿《たに》で、谿の彼方《かなた》に、大海や出沢の村の灯がちらちらと見える。さらに行く手には横山の村の灯も見えた。狸や狐の火でなくとも、淋《さび》しい感じのする場所である。また時とすると、遠くの雁望山《かんぼうやま》のあたりにも火が見える事があった。私が小学校を卒業した年に、夜学に毎夜その道を通ったが、坂を降ってきて向こうに灯を見た一瞬ハッとした事はある。そうかと言うて一度もそれらしく思うものを見た事はなかった。

あるいはまた、ちょうどそのあたりから、怪しい人影が後になり先になり随《つ》いてくる事がある。こっちが止まれば向こうも止まり、急げば急いで、村の入口まで来て消えるなどとも謂うた。現にそうした経験をした者が、私の聞いただけでも何人かあった。某の男が出遇った時は、村の入口の橋まで来ると、どんどん脇へそれて、川の中へはいってしまったと謂う。

私が子供の頃である。そこで怪しい者に遇ったと言う男が夜中に大戸を叩いた事がある。近所の村の物持ちの主人だった。なんでもそこへかかった頃から、前に立って影のように歩いている者があった。村の入口へ来てもなかなか姿を消さないでついにお宅の前まで来たと言う。これからまた山を越して帰る気にはなれぬからどうか泊めてもらいたいと頼んでいた。それもやはり狸の悪戯《いたずら》だそうである。もっともそうした場合に狸ならば最後に姿を消す時に、ひどい音をさせるからすぐ判るという。

九　呼ばる狸

正月薪《もやぎ》伐りなどに行って、山の上で一人働いていると、どこともなくホイと呼ぶ声がするそうである。雨にでもなりそうな、とろんとした温かい日などに多かった。また女が一人でいたりすると、きまって呼ぶと云う。

ホオイと、気のせいか、出ない声を無理に絞《しぼ》り出しているようにも聞こえる。こちらが鉈《なた》でタンタンと木を伐ると、向こうも同じような音をさせる。ザーッと木を倒すとやはりさせる。明るい陽がかんかん照っている時刻だという。誰だと呼んでも返事はなくて、暫くするとまたホイと呼ぶ。果ては気味が悪くなって帰ってきたなどと言った。

そうかと思うと、一人で炭を焼いている時に、間近の山の蔭《かげ》から笛の音や太鼓で、いかにも賑やかに囃《はや》し立てて近づいてくる。今一息で、あの曲がり角を出るかなどと思う間に、ふいと消えてしまったりする。これもみんな狸の悪戯というている。

狸は人を呼びかけて、それをきっかけにだんだん呼び交わして、相手が負けたら喰おうという。それで夜中にうっかり返事はできない、返事をしたが最後どこまでもやらねばならぬという。夜中に一人でいる時に、つい騙《だま》されて返事をしたばっかりに、自在の茶釜《ちゃがま》を飲み干してもまだ足らなんだなどと言った。長篠村吉村《よしむら》の寺屋敷の裏では、家内三人で代わる代わる返事してやっと負けずに済んだ。あるいは返事の代わりに木魚を叩いて夜を明かしたが、朝見たら軒下に恐ろしい古狸が、腹を上にして死んでいたなどと言った。

滝川《たきがわ》の奥の大荷場《おおにば》の一つ家では、近くのむくろじ谷に棲《す》む狸が、毎晩悪戯をして仕方がない。そしてシンゾの藤兵衛ボットボトと云うてからかった。藤兵衛も負けてはいない、そう吐《こ》くお主もボットボトと言うて、一晩中呼ばり通して、朝見たら軒下に大狸が死んでいた。この大荷場は一つ家で、しかも藤兵衛が一人者のところから、狸と呼ばり合って暮らしているげななどと、悪口をいう者もあった。

鳳来寺の奥の院などで、夏分雨乞《あまご》いのあった後には、夜になってきまって同じような笛太鼓の音がした。こちらは狸とは言わずに天狗のせいだというている。雨の降る晩などに、ボトボトと聞こえたのが、同じく狸の腹鼓《はらづつみ》であった。そんな晩に坂を登っていくと、御坂の脇であちらでもこちらでも、ボトボトやっていたという事である。

一〇　真っ黒い提灯

狸の話では、なんと言うても化け話が多かった。

銭亀《ぜにがめ》（東郷《とうごう》村大字出沢《すざわ》字銭亀）の行者下《ぎょうじゃした》へは、毎度狸が出て人を嚇すという噂があった。県道に沿ったわずかな家並で藪蔭《やぶかげ》の陽もろくろく当たらぬような所であった。居酒屋が一軒あって、近所の者がよく酒を呑んでいて、夜遅くなってから、谿を隔てた私の家などにも、酔いどれの唄が聞こえたものである。

そこの家並から、一町ほど離れると昔の村境で、道上の岩の頭に、榧《かや》か何かの大木が道に被《かぶ》さりかかって、根元に行者の石像があった。馬頭《ばとう》観音や六地蔵なども祀《まつ》ってあって、道下は寒峡川の急流を覗く凄《すご》い場所であった。

これは現に生きている某の話でその男が四十五、六の折の逸話であった。ある晩そこを通りかかると、向こうから真黒い提灯が一つ来たそうである。その提灯と摺《す》れ違いざま、ひょいと先方の顔を見ると、白髪頭のひどい婆《ばあ》さんである。ハテ見た事もない人だがと思って、すぐ後を振り返って見たが、もう提灯も婆さんの姿も見えなかった。その時は身内がゾクゾクしたそうである。すると今度は行く手の道に、長々と寝ている獣があった。犬のようでもありまた、狐だか狸だかさっぱり得体が判らない。不思議な事にその獣が、あまり大きくもないのに道一ぱいになっている。跨《また》いで通るのも気持ちが悪いので暫く立ち止まって思案したが、結局尾の方をそっと通り抜けた。すると急に四辺が真っ暗になって、もう一歩も前へ進めなくなった。うっかりすれば、一方の崖へ堕《お》ちてしまう心配があるので、仕方なく度胸を据えてそこへ踞《しゃが》みこんだ。そうして腰から煙草入れを出して一服喫《す》いかけた。その間に行く手の方を見るともなしに見ると、どうやら白いものがぼうっとある。じっと見ていて気がつくと、それは行く手へ続いた街道であった。空を仰ぐと星がからりと出ている。遠くの山も見えて、川瀬の音も聞こえる。まるで夜が明けたような気分でそのまま家へ帰ったが、それからは何事もなかったそうである。

二十年ばかり前の事である。これも狸の悪戯というておるがあるいは幽霊だとの説もあった。村でたしかに死んだはずの人が、そこを通っていく姿を見たというのである。あるいは九十幾つで死んだ婆さんが、杖《つえ》に縋《すが》ってきたのにたしかに遇ったと言う話もあった。それこれ考えると狸の悪戯というのは、狸のためには冤罪《えんざい》であったかもしれぬ。しかしまた一方では、ここから山続きのフジウの峰の狸が、数町離れた算橋《さんばし》の藪下《やぶした》へ、時折出張るという説もある。

算橋は家が二軒しかない部落で、道下がずっと田圃になっていた。そこへもやはり婆さんに化けて出ると言う。ある夜更けに出沢《すざわ》の者が飛脚に行くと、前に立ってゆく婆さんがあった。真っ暗い夜にも拘《かか》わらず、着物の唐桟《とうざん》の縞柄がはっきり読めた。それが滝川《たきがわ》の入口の、大荷場川の橋の袂まで来ると、そこから川の中へ、跳び込んでしまったそうである。

この話は狸でない事は判っている。以前近くの淵《ふち》で、砂利運びに雇われていた女房が、乗っていたカモ（筏《いかだ》の一種）から落ちて溺死《できし》した事があった。その女房が溺《おぼ》れた時の姿で、忙しそうに田圃を道の方へ来る姿を、時折見かけたという者もあった。乳《ち》呑児《のみご》を遺《のこ》して気の毒だともっぱら噂のあった際だったから、あるいはそうした幻影を見たのであろうが、場所はやはり同じ所であった。

二　鍬に化けた狸

私がまだ五つ六つの頃であった。街道端に茶店を出していた一人者の婆さんが、ある雨の降る晩に追分から家へ帰る途中、北山御料林下の土橋から、下の谷へ転がり落ちて死んだ事がある。おきよ婆さんとか云って相当小金も貯めていたと言う話であった。傘を差したまま死んでいたそうである。狐が突き落としたとも、また近くの盗人《ぬすと》坂の狸の仕業とも言うた。

盗人坂は追分の村はずれであった。どうしてそんな名をつけたか知らぬが、村を出離れて北山御料林の、暗い森の中へ掛かろうとする手前で、今は道路の改修でなくなったが、以前は崖に沿った嶮阻《けんそ》な坂で、かつて馬方が落ちて死んだ事もあったりして、狸が出なくても、充分淋しい所であった。日暮れにそこを通ると、きっと狸が出て悪さをする。村の某の男であった、暮れ方通りかかるとまだ人顔の判る時刻であったが、道のまん中に大男が立っていて、それがどっちへ廻っても通れぬように邪魔をする。大抵の者なら怖れて遁げるのだが、血気盛りの剛胆者だけにこいつと云いながら、力任せに胸元を突き退けた。すると男の姿はフッと消えて、何物かカタリと音がして倒れた物があった。気がついて脚下を見ると、鍬《くわ》が一挺《ちょう》倒れている。大方誰かが置き忘れたのであろうが、それを狸が利用して人間に見せたのだろうと、もっぱら噂があった。

これはその坂がなくなった後の、明治四十年頃の話である。追分の某が、他所村へ田植えの手伝いに行った帰りにそこの手前まで来ると、どこから出たか一つの怪しい人影が先に立っていく。変な事だと思っていると、木立を出離れる所で立ち止まって動かなくなった。某も少し気味が悪くなって、そこに止まってじっと様子を見ていると、その怪しい影がだんだん山の方へ寄っていって、最後に崖へはり付いてしまった。それでやっと歩き出したが、傍を通る時見ると、もう姿はなくて何か黒いものが、気のせいか見えたと言う。これもまだ人顔の判るめそめそ刻だったそうである。その時すぐ後からやって来た者があったので訊ねてみたが、怪しい者には一向気づかなかったと答えたというから気のせいであるかもしれぬ。もちろんこの話は、対手《あいて》が狸ともなんとも言うわけではなかった。

盗人坂の狸は、とくに撃ち殺してしまって今はもう出ない。村の狩人がとっくに煮て喰ったが、古狸で肉がこわくてさっぱり美味《うま》くなかったと言う。肉がこわくて美味くなかったとは、古狸を退治した話に、必ずついて廻る文句であった。どこそこの狸を撃って煮て喰ったが、おそろしく肉がこわかったなどと、よく言うたものである。

一二　狸か川獺か

狸が出たからとて、必ずしもそこに棲んでいるとは決まっていない。私の村の上のはずれへ出る狸は、山続きの倉木《くらぎ》の山から通ってくると謂うた。化けた話はあまり聴かなかったが、時々えらい音をさせて通る人を嚇すと謂う。

村はずれだけに、街道脇に張切りの松というのがあって、赤松が蛇のように街道の上へのたり掛かっていた。傍には馬頭観音や道祖神などの石像が並んでいて、道の下手に弁天を祀った小さな池があった。夏分はそこで雨乞いなどしたものである。ある時某の男が夜遅く通りかかると、竹を一束担いできてすぐ脚下へ投げ出したと思うような、ひどい音をさせた。男はそれに驚いてそのまま引き返してきて、その夜は私の家へ泊まっていった。

ある大工は、黄昏時《たそがれどき》に弟子と二人で通りかかると、張り切りの松の上から、真っ白い獣が道下へ向けて跳び下りた。すると続いてえらい音がしたそうである。誰でもここへさしかかると、頂《ぼんのくぼ》がぞくぞくする。村の物持ちの某は陽が暮れるともうそこを通れなかった。そのため生涯通らずに終わったとも聞いた。村の者ばかりでない、かえって他所者《よそもの》の方が気味悪がるとも言うた。誰の話を聞いても、ここで嚇されたのは、きまってえらい音であった。それでどうも狸ではないらしい、川獺《かわうそ》ではないかという説もあった。弁天の池から山を少し下ると、寒峡川の鵜《う》の頸《くび》という淵がある。そこから川獺が上ってきて遊んでいるのが、人の通りかかったのに驚いて、池の中へ跳び込む、その音ではないかと言うのである。

なんにしても気味の悪い所であった。ある男が日暮れ方に通りかかると、道の脇の石に腰をかけている人があった。傍へ寄ってみたら、それが男だか女だか、また前向きだか後ろ向きだかさっぱり判らなかったなどと言うた。

何もここに限ったわけではないが、真夜中などよりかえって日暮れ方の方が気味が悪いという。ぼんやり人顔の見える時刻に、とかく不思議な事が多かったらしい。

一三　娘に化けた狸

鳳来寺村門谷《かどや》の高徳《こうとく》の山に、杣《そま》が小屋を差していた時の事だと謂う。その小屋には三人泊まっていたそうであるが、ある晩一人が山を出て門谷の馴染みの女のもとへ寄って遊んできた。するとその翌る晩三人が炉《ろ》に向かっていると、だしぬけに小屋の垂《たれ》蓆《むしろ》を上げて顔を出した者があった。見ると若い女で、しかも一人が前夜会ってきた女であった。へへと笑っていたそうである。どうも怪しい、これはてっきり狸の悪戯に違いないと覚《さと》って、それでも面白半分にからかってみた。お前はどこだいと言うと、俺《わし》ゃ門谷の田町だと答えた。田町の誰だいと言うと、へへへと笑って口を押さえている。ちょうどその時皆して鳩を焼いて喰っていたので、喰わんかいと言うて一串差し出すと、黙って受け取って喰ってしまった。それなり娘は帰っていった。その翌晩も同じようにやって来たそうである。三日目の晩に小屋の入口へ鳩の肉を餌にして虎挟みを仕掛けておくと、翌朝一匹の古狸が掛かって死んでいた。それ以来娘はもう来なかった。後でその狸を煮て喰ったが、やはりこわくて美味くなかったと言う。

娘に化けたわけではなかったが、鳳来寺村長良《ながら》の村はずれの土橋に出た狸も、狩人の掛けた虎挟みに掛かって以来出なくなった。それまでは崖の上から砂を振りかけたり、石地蔵に化けたりして、通る者を悩ましたと言うている。

狸が石地蔵に化けた話はまだあった。化けたと言うよりも、使ったと言う方が適当かもしれぬ。出沢の村から谷下《やげ》へ越す山の途中に、村雀と言う神様があった。その傍に鉢冠《はちかむ》り地蔵と言うのがある。その地蔵が時折化けて通る人を嚇すのは、やはり狸の仕業ともっぱら言うた。ある月夜に村の関原某が通りかかると、地蔵がゲラゲラ笑い出したそうである。かねて覚悟をしていたので、腰の刀を抜くや否や斬《き》りつけて、そのまま帰ってしまった。翌朝行ってみると、地蔵が胴を真二つに斬られていた。そのまま今に胴中から二つに割れて立っている。それ以来もう化けなくなったともいう。別の話では、これは狸の仕業でなくて、地蔵自身が化けるのだとも言う。たしかに俺が化けたと名乗るわけでないから、にわかにどっちとも決められない問題である。

一四　狸の怪と若者

私の村の池代の大窪には、えらい古狸が棲《す》んでいて、地続きの深沢の橋へ出て、通る者を嚇すとはもっぱら言うた事である。ちょうど村の中ほどで、上と下の組の間の谷に架かっていた橋である。もう二十年ばかり前であるが、橋の近くに住んでいた某の男が、夜更けに一人帰ってくると、橋の欄干に坊主が一人凭《もた》れていたが、それが見る見る大きくなったのに、胆《きも》を潰《つぶ》して遁げてきた。

五十年ばかり前のこと、村の某は夜分ここを通りかかって、狸に嚇されたのが因《もと》で死んでしまったという話がある。まだ宵の口であったが、橋の近くにある家へ血相変えて駆け込んできた。よくよく物の怪《け》を見たとみえて、戸口でハアッと言ったぎり、土間へ倒れてしまって、後は口一つ利けなかった。その夜はそこへ寝かして、翌日家へ連れていったが、四、五日して息を引き取ったそうである。病んでいる間も、絶えず怖《おそ》がい怖がいと言い通したそうであるが、はたしてどんな怪を見たことか、家人が堅く秘していて、一切他人には話さなかったというから判らない。まだ二十かそこいらの若者で、ごく実直な男であったが、なんでも下の村の女のもとへ、通っていく途中であったという話である。

『三州横山話《さんしゅうよこやまばなし》』に書いた、老婆を殺して山へ持っていったという話も、同じ狸の仕業という事である。深沢の橋にはクダ狐も出ると言うた。あるいはまたそこで幽霊に遇ったと言う者もあった。ごく新しい話で、近くの家に葬式があって、暮れ方村の者が橋を行ったり来たりしていた。そこへ一人が橋の袂まで来ると、土手に男が凭れかかってこちらを見ていたが、通り過ぎて振り返ってみると、もう影も形もなかった。大方幽霊だろうと、大騒ぎをやったものである。

村を出離れて、長篠へ越す途中の馬崩《まくずれ》の森は、田圃を三、四町過ぎた所に、一叢《ひとむら》大木が繁っていて、日中でも薄気味の悪い所だった。ここからずっと長篠の入口まで山続きになるのである。そこにもまた悪狸がいて、通る者を時折嚇すと言うた。あるいはまた山犬も悪い狐も出る、そのいずれにしても問題の場所だったのである。私などのここを通った経験でもそうであるが、暮れ方などまだ明るい田圃道から、暗い森の中へ足を運んでいくと、地の底へでも入るようで自ずと心持ちが滅入ってきた。また反対に暗い森の中から、田圃道へ出るとほっとするが、それだけになんだか後ろから引っ張られでもするような不気味を感じたものである。そんなわけか田圃の手前の、村の取付《とっつ》きにある家へは、以前は夜分真っ蒼になった男が、時折駆け込んできたと聴いた。

ある男は暮れ方森の手前に差しかかると、一町ほど前を、太い尻尾を引きずって、狸が歩いていくのを見たが、道の中央でくるくる廻り出した。そして道下へ跳び込んだと思ったら、娘になって上ってきたと、狐にでもありそうな事を言うていた。某の修験者は、夜更けて一人歩いていると、行く手に豆絞りの手拭いで頬被《ほおかむ》りをした男が、鼻唄で行くのがどうも様子が怪しいと思って、一心に九字《くじ》を切ると、はたして道下の池へ跳び込んでしまったと、真面目に語ったものである。

これは私の祖母の話であったが、父がまだ少年の頃、夜遅く二人で通りかかった時、ちょうど森の中ほどで何か怪しいものを見たそうである。大方狸の悪戯だろうと云うたが、何を見たのか、それ以上聞いても話さなかった。

一五　塔婆に生首

狸が出たという場所が、申し合わせたように、村はずれや境で、道祖神や六地蔵を祀った地であるのも少し気になり出した。この話もそうした場所での出来事である。

長篠の医王寺の近くにある乗越《のっこし》の山は、以前から古狸が棲むとて評判の所だった。水上《みずかみ》の部落と、長篠の本郷とを境した、ちょっとした峠で、道路が三叉になっている。暮れ方そこを通ると、道に何やら汚い袋のような物が落ちているが、うっかり拾ってはならぬ、狸に化かされるなどと聞かされたものである。道を挟《はさ》んで古木が茂っていて、そこにも石地蔵が立っていた。

近所の若い衆がここの山続きで狸の穴を見つけて、遊び日に掘っていると、そこへ医王寺の和尚がやって来て、皆の衆ご苦労と言うて去った。それは実は穴の主の狸が化けたので、いつか抜け穴から遁げ出して、若い衆をからかったのだと言うた。あるいはまたその折よい天気だったが、急に雨が降ってきて、皆が濡れしょぼれて掘っているところへ、和尚が傘を差してきて嘲《あざけ》った。村の某はその時居合わせた一人だったなどと、真《まこと》しやかに聞かされたものである。

私には祖父に当たる人の事であるが、ある時長篠の本郷から日を暮らしてここへ差しかかると、どう道を間違えたのか、医王寺の方向へ降るのを、どんどん脇へ外れてしまって気がついた時は、山続きの村の卵塔婆《らんとうば》へはいっていた。前に新仏の墓があって、白張《しらはり》の提灯《ちょうちん》と新しい塔婆が立っている。見るとその塔婆の尖端《せんたん》に、男の生首が突き通してあって、目を開いたと思うと、クスリと笑ったそうである。祖父は平素から豪胆な質《たち》だったので、それを見ると、すぐに狸の悪戯と気がついた。なんだ手前の相手などしておられるかと言い置いて、そのまま後も見ずに卵塔場を出て、それから家へ帰り着くまで、もう何事もなかったと言う。この話は祖父が若い頃幾度も物語ったそうで、祖父には妹に当たる人から聴いた話である。

乗越の峠近くの部落では、夕方狸に化かされて、ここの山へ連れ込まれる者がたびたびあったと言う。そしてまた夕方などにそこを通りかかると、どこからともなく、負んでくれ負んでくれと呼ぶ声がするとも言うた。内金《うちかね》の左官の某の男は、ある晩医王寺の方へ向けて峠を越してくると、突然闇の中から負んでくれという声がして、何やら背中へ負ぶさりかかった物があった。某は怖ろしさに夢中でそのまま駆け出したが、医王寺の明かりが見える所まで来ると、ふっと背中が軽くなったと言うていた。

ここの狸は、もうとっくに狩人が撃ち殺してしまって、その後出るのは、山続きの吉村《よしむら》から通ってくるのだとも言う。そうかと思うと、いやまだいる現に誰それが化かされた。そうかそれじゃ撃たれた奴は別の狸かなどと、話がまた新しくなってくる。すっかり噂が根を断ってしまうのは容易ではないのである。

長篠の本郷と内金との境にある施所橋《せしょばし》の上へは、晩方に狸が化けて出るともっぱら噂が高かった。雨の降る晩に傘を差して先へ行く男が、ふいと後ろを振り返った顔を見たら、三つ目の大入道だったとか、ある男が夜更けて通りかかると、橋の欄干に寄りかかっていた男がそのまま下へ飛び下りていったなどとも言うた。しかしこの橋などは橋の袂まで人家があって、狸の出る噂の場所はほんの五間か七間の所であった。狸が出るには、必ずしも人家を離れた事を必要条件としなかったらしい。

一六　緋の衣を纏った狸

三河《みかわ》の伊良胡岬《いらござき》のちょうど中央頃、赤羽根《あかばね》と伊良胡村の境に聳《そび》えている越戸《おっと》の大山は岬中での第一の高山である。

ここにほど近い大久保の谷には昔から悪い狸が棲んでいるともっぱら言い伝えられていた。いまだ古い出来事ではないと聞いたが、近くの者が朝早く山を越して仕事に出ると、きまって行方《ゆくえ》が判らなくなる。それが村の者だけではない、旅商人などで日を暮らして通りかかった者もかいもく行方が知れなくなる。また葬式帰りの和尚と小坊主二人が、日暮に山に掛かったままで還らなかった。それがある時、行方の判らなくなった者の持っていた手拭いが、血に染まって山の木の枝に引っかかっていた事から、山中に棲むものに嫌疑がかけられた。それで村中評議の上山狩りをする事になって、その中の一隊が、大久保の山深く入り込んでゆくと、一ヶ所まだ誰も知らぬ岩窟があって、その奥に大きな狸の穴を発見した。しかもその手前に、かつて行方を失った者の履物が片方落ちていた。いよいよこの奥が怪しいとなって、穴の周囲に矢来《やらい》を結っておいて掘りにかかった。おそろしく深い穴で、三日続けて掘ってやっと奥に辿り当てた。中は広さ八畳敷ほどもあって、その奥にさらに一段高い所がある。見ると緋《ひ》の衣を纏《まと》った大狸が、人々の立ち騒ぐのを尻目に、端然と坐っていたそうである。村の者も一度は驚いたが、こいつ遁がすものかと寄って集って撲殺した。しかし狸は観念した様子で、些《すこ》しも暴れる事はなかったと謂う。傍にはそれまで狸の餌食《えじき》になった人々の、衣類や骨の類が堆《うずたか》く積んであった。狸の着けていた緋の衣は、例の葬式帰りの和尚の物であったと言うが、それ以来大久保山には、なんの禍《わざわい》もなくなった。この話は豊橋の町のある婆さんから聴いたが、本人は土地の者から直接聞いたと語っていた。緋の衣は着ていなかったが、狸が人を殺して喰った話は、他にも聴いた事がある。私達が子供の頃などは、狐と狸といずれが恐ろしいかなどと言うたもので、どちらも人を喰うと信じられた。その頃聞いた話に八名郡鳥原《とりはら》の山でも、狸の餌食になった者があったそうである。

狸が人を取り喰らった話の一方には、女を誘拐して女房にしていた話もある。宝飯《ほい》郡八幡《やわた》村千両《ちぎり》の出来事であった。娘が家出して行方が知れなくて、方々捜していると近所の病人に狸が憑《つ》いて、俺が連れていって女房にしていると言う、場所はこれこれと、村の西北に聳えている本宮山の裏山に在る事を漏らしたので、人を雇って山探しをすると、はたしてひどく嶮《けわ》しい岩の陰にいた。そこは雨風など自然に防ぐように出来ている場所であった。後になって様子を問い訊《ただ》すと、狸か何か知らぬが、山の木の実や果物の類を、時折運んできて食わしてくれたと語ったそうである。その娘は平生から、少し足りぬような様子があったと謂う。これは私が十二、三の頃、隣村の木挽《こびき》から聴いた話である。

一七 狸依せの話

以前は村の若い者が五、六人も集まると、狐狗狸《こくり》だの西京鼠《さいきようねずみ》その他狐や狸を依《よ》せて、慰み半分に遊んだものであった。その中でも狸依せは最も早く亡びて、後には滅多にやる者はなかったが、格別方法が面倒というわけでもないから、時折行う者もあってやはり流行《はや》りもしたのであろう。

依せる方法の大体を言うてみると、目隠しをさせたり、白紙を仕扱《しご》いて幣帛《へいはく》の代わりに持たせる事などは、他の神寄せ狐依せの類と変わりはなく、ただ呪文《じゅもん》が少し異なっただけである。試みにそれを掲げてみる。

テンニトロトロ　チニトロトロ
アサヤマハヤマ　ハグロノゴンゲン
ダイミョウジン
オイサメメサレ　オイサメ　メサレ

ただこれだけの文句を依るまでは何回でも繰り返すのである。狸が人に憑くまでの前後の状況を言うと、最初被術者の顔色が、だんだん蒼白くなる。続いて呼吸が急《せわ》しくなるにつれて今度は顔色が次第に上気して、ほとんど真っ赤になる。そうなると体中が劇しく震えて時々坐ったまま踊り上がるようになる。この時は狸が道中を急いでやって来るところだなどと謂《い》う。そこを過ぎると、再び顔の血の気がだんだんと薄らいでいって、最後に真っ蒼になると体が急に落ち込んだように、ガクッと小さくなってしまう。こうなるともう狸が憑いたのであるから、そろそろ問答を始めてもよいのである。もちろんこれは村の若い衆のやった方法で、ある時旅の行者が行った時は、呪文や作法が全然異なっていたそうである。

憑いた狸を帰す時は、背中に犬の字を書いて、最後の点を強く打てば、それで好いのであるが、この方法を怠ったり、あるいは目隠しの手拭いが自然に解けて離れた時などは、後になって近所の子供や老人に憑いて困ったそうである。それについて某の老人の談によると、事がおわってから、自分の子供に憑くらしく、夜泣きをして仕方がなかった。抱いていればそうでもないが、床に寝かすと、体が急に強直して火のつくように泣き出す。来る晩も来る晩も、女房と交わる交わる抱いていて夜を明かした。そうそう家の中にもいられぬので、外に出て子供を揺り揺り歩いていたが、ある時などつくづく狸など依せるものでないと後悔して、歩きながら子供と一緒に泣いた事もあったそうである。その間には種々な魔除《まよ》けの方法などもやってみた。短刀をそっと枕辺に置いてみたり、神社の御符《ごふ》を布団の下に敷いてみたりしたが、一向効顕はなかった。そのうちふっと思い出して、山犬の下顎《したあご》で造った根付《ねつけ》を取り出してきて布団《ふとん》の下へ入れると、それなり嘘のように夜泣きが止んでしまったと謂う。以前は山犬の下顎を乾《ほ》し上げた物で、根付を作って魔除けとして持っている者がよくあったのである。顎の内部を紅く漆塗りにして、腰に下げている人を、時折は私なども見た事があった。狸依せなども盛んに方々でやっていた頃は、わけもなく依ったそうであるが、ひとたび流行しなくなってからは、容易に依らなくなったとも謂う。狐狗狸《こくり》などもそうであった。流行していた頃は、面倒な手数をかけないでも、酒の席で慰み半分に三本結えて立て、上に皿を冠《かぶ》せて唱え言をすると、それでもう膳の上をヨチヨチ動き出したそうである。あのよく依った時分には、狸などもそこいらにどれほどでも遊んでいて、こちらが招くのを待っていたのかも知れぬと、真面目に話した老人もあった。

一八 狸の印籠

狸から福分を授かったという類の話が、ごくわずかではあったが遺っていた。長篠村大字富栄《とみさか》字富貴《ふうき》の某家には、むかし諸国行脚《あんぎゃ》の狸から譲られたという一個の印籠《いんろう》があった。諸国行脚の狸はちと怪しいが、大方僧侶に化けた狸の事でもあったろうか。そのため家が永く富み栄えて、家数三、四戸しかない部落を、富貴と呼んだのも、その家によって出来た名と謂うた。その印籠が転々して今は近くの村の物持ちの家に秘蔵されている。したがって代々の持ち主であった家も、もう昔の面影がなくなったのは是非もなかった。その印籠は、ふとしたことから私も一度見た事がある。黒塗りの中は粗末な梨地《なしじ》が出ていた。惜しい事に蓋《ふた》は久しい前に失ったとかで見当たらなかった。打ち見たところでは、格別狸がくれたらしい特徴もないただの印籠である。妙な事にその印籠の由来について、別に柳生十兵衛《やぎゅうじゅうべえ》が武術修行の折に、遺品に置いていったとも言うておる事であった。狸と柳生の剣術使いと、なんの縁故《えんこ》もなさそうであるが、どうしてそんな説ができたかは判らない。

富貴の村から、谷一つ越えた長篠村内金《うちがね》には、これはまた文福茶釜《ぶんぷくちゃがま》を持ち伝えるという家があった。

街道からは山寄りの、村人が入りと呼ぶ家で、正福寺《しょうふくじ》という古い禅宗の寺の門前に屋敷があった。つい先代までは村一番の物持ちで、かねて村の草分けでもあった。文福茶釜の由来として言い伝えているところでは、先祖が正福寺のずっと以前の和尚から譲られたもので、その茶釜があるために、永く福運が続いてきたと言うのである。昔話にあるように、狸が化けた類の話は私はまだ聴いてはいない。したがって正福寺に狸の和尚がいたともなんとも言わぬ事である。どうも話が幾通りもあって煩《わずら》わしいが、別の話では、その茶釜は天正時代、長篠の城にあった物で、城主が国替えの折遺していったもので、したがってこの家は祖先が武士であったと言う。

もう十年ほど前になるが、その茶釜を見せてもらうためわざわざ訪ねた事がある。以前の屋敷跡の傍に、今は小さな構えを結んでいた。五十恰好の、どこか暗い感じのする内儀が一人いて、詳しい話をしてくれた。二十年前まではここの炉に掛けて使っていたがもうありませんとの答えであった。もっともその前から、蓋《ふた》と蔓《つる》は別物だった。ある時鋳掛師《いかけし》に持たせてやると、蓋と蔓を失くしてきたそうである。それ以来蔓はただの針金を間に合わせていた。その後引き続く不運に、茶釜までもいくばくかの代に親類の者に持っていかれてしまった。今はそこに蔵《しま》ってあるはず、なんならそっちへ行ってみてくれるようとの挨拶《あいさつ》であった。その折の話の模様では、肌が赤味を帯んだ鉄で、離れて見ると陶器のように見えたそうである。一方に鉄瓶《てつびん》のような口があって、口の付け根から、鹿の角の恰好をした三叉《みつまた》の脚が出ていたと言うから、茶釜としては風変わりな物であった。

「あの茶釜だけは家の宝だでなんとしても手放すまいと思ったが」とそっと目を拭《ふ》いた内儀の言葉に、思わずつり込まれて悲しくなった。まだ他に系図と立派な腰の物もあったが、ことごとく失くしてしまったと、さんざん情ない事を聴かされて還った。

後で聞いた話だが、その茶釜は、持っていった親類の男の手から、昔話以上に諸方を渡り歩いたそうで、豊橋《とよはし》から名古屋《なごや》東京と、実は思惑で持ち廻ったのだが、男の思うようには金にならなかった。仕方なく再び持ち帰ってその男の家に蔵ってあるとの話である。それとすれば昔話の文福茶釜そのままに、再び元の炉口へ還るような日がないとも言えぬ。

一九　古茶釜の話

文福茶釜の話のついでに、狸とは直接縁を引いていないかもしれぬが、ただの農家の炉口に吊るしてあった茶釜の話がある。話の端が幾分でも狸の問題に触れてくればめっけものである。

この近在で使用していた茶釜は、多く宝飯《ほい》郡の金屋《かなや》でできたものと謂う。棗形《なつめがた》で底に疣《いぼ》が三つ出て居て、肩のところに蔓《つる》がついていた。別に丸形の中央が膨《ふく》れて、腰鍔《こしつば》のある茶釜をば文福茶釜と呼んだのである。文福茶釜を使っている家は滅多になかった。いろりに掛けるのに工合が悪いからであろう。

前にもたびたび語った追分《おいわけ》の村の中根某の家は、家としても古かったが炉《ゆるい》に掛かっている茶釜がおそろしく古い物であった。形は尋常で心持ち丸形である。天正時代から天下の三茶釜の一つで大した物と謂うた。近頃になって、その家の主人が時々思い出したように、その茶釜を流しに持ち出して磨いているという噂を聞いた。今に三百両ぐらいでどこからか買い手が出てくるだろうなどと、一人極《ぎ》めしていたそうであるが、この頃でもやはり炉に掛かっているという。

私の家の近所にも、古いと言われる茶釜を持っている家があった。炉に吊るしてあるところを通りかかった棒手振《ぼてぶ》りが見て、これなら五両まで買うと保証したとかで、大切にしていた。それは、格別変わってもいなかったが、底に疣のないのが普通の茶釜と異っていた。

長篠村西組の赤尾某の家は、さして立派な暮らしもしていなかったが、長篠戦争時代から続いた旧家と言う。この家の炉《ゆるい》に掛かっていた茶釜は、戦争当時用いた陣茶釜であると伝え、ごく小形のもので、いかにもただの茶釜でない事は肯《うなず》かれた。しかし永い間問題にもならずにきたが、家が不如意《ふにょい》になって狭苦しい所に住むようになってから、近くの医王寺の和尚が目をつけ出して、大変な執心でついに主人を口説き落として、永代祠《し》堂金《どうきん》の代わりに寺へ引き取っていった。和尚はそれを、前からあった長篠役の遺物の中に加えて、来客に茶を立てたりして珍重《ちんちょう》していたが、明治三十幾年医王寺の出火に遇って、ほとんど形ばかりになってしまった。寺へやったばかりにあんな事になったと、元の持ち主の老人が、零しているのを聴いた事がある。

長篠城の倉屋敷の傍に住んでいた林某の家の茶釜も、珍しく古い物で、この家で家財整理をした折に、買い取った者が意外な金儲《かねもう》けをした噂があった。林某の家も旧家で、長篠合戦の勇士の後裔《こうえい》であった。

八名郡山吉田《やまよしだ》村新戸《あらと》の某の家の茶釜も、古い物だといい、珍しく大きな茶釜だったが、形は変わってはいなかった。湯が沸いてくると釜の肌色が赤味を帯んできて、なんとも言えぬ光沢が出てくるのが不思議であると言うた。後に主人が床の間に持ち込んで花を活《い》けてあるという話を聞いた。

こうして並べてみると、古い茶釜を持つ家が、どれも旧家であるが、いずれも家運が以前ほどでなくなっていたのである。もちろん不如意になってこそ、自在鍵《じざいかぎ》に掛けられた茶釜も問題になるのであるが、別に茶釜と家の福分とを、結びつける何物かがあって、かような話もできてくるのでないかと思う。茶釜の中には福の神がいると言うて、私なども幼少の頃はやかましく言われたものであった。『三州横山話』に書いた村の長者の家は、主婦が誤って茶釜に錘《つむ》を当てたために、家の福の神が遁げ出して、たちまち没落したと伝えている。今一段と資料を集めていったら、福の神の正体が意外な姿を顕《あら》わしてきそうにも思われる。

二〇　旧い家と昔話

鳳来寺村峰の某の家は、おそろしく古い家で何代前に建てた事か想像もできぬほど、煤《すす》に埋もれていると謂う。どうしたわけかこの家には、昔から狸が棲んでいるという噂があった。姿を見せるとは言わなかったが、夜など客が炉に向かって主人と話していると、時折バサリと変な音がして急に燃火が暗くなる事がある。その時は自在鉤の上から、何やら箒《ほうき》のような物が下がっている。それが狸の尻尾《しっぽ》だとも謂うた。それでいて格別悪い事をするとも聞かなかったが、ある時若主人が、近所の噂を気にして、狸退治をする事にした。炉に青杉の葉を山と積んで、どんどん燻《いぶ》し立てると、さすがの古狸も閉口したと見えて、壁から壁へサッと尾を打ちつけては、天井から天井を遁げ廻る音を聞いたが、ついに取り押さえる事はできなかった。しかしその事以来狸は屋敷を遁げ出していったとみえ、後には怪しい事もなかったと言う。あるいはなおいるという説もあるが、十数年前家を取り毀《こわ》したそうであるから、いずれにしてももうどこかへ宿替えした事であろう。

北設楽《きたしたら》郡本郷《ほんごう》在の某という酒屋の土蔵にも、狸が棲んでいると謂うた。永い事酒を呑んで、腹のあたりが赤い色をしている。それでその土蔵を取り毀した時には、たくさんの同類と共に、次から次へ遁げて出たとも謂う。

長篠の城跡の近く、寒峡川と三輪《みわ》川の渡合《どあい》にあった長盛舎という運送屋の荷倉にも狸が棲んでいるともっぱらいうた。その荷倉は久しい前に取り毀してしまったが、おそろしく長い建物で、中へはいると、一方の端が見かすむほどだったと言う。いかにも狸が棲みそうだと感心していた者もあった。そこの狸が時折近所へ出かけて、人を化かす事もあったが、時折倉の中で乱痴気《らんちき》騒ぎをやって、太鼓や笛の音が、川を越した乗本《のりもと》や久間《ひさま》まで手に取るように聞こえたそうである。

この荷倉の話にしてもそうだが、古い大きな建物の形容に、狸が出そうだとは一般にいう事である。

これで狸の話もほぼ材料が尽きるから、八畳敷《はちじょうじき》の昔話を披露してそろそろ終わりとする。私等が聴いた昔話の中で、狸を扱ったものは、文福茶釜にカチカチ山ぐらいなものであったが、別にきんたま八畳敷というのがあった。この話は二通りあったようで、子供の頃たびたび聴かされたものであるが、話が下品とでも思ったせいか、詳しく記憶しなかったのは遺憾である。

昔ある所に一人の博奕打《ばくちう》ちがあって、どうかしたわけで狸の化けた賽《さい》ころを手に入れる。その賽ころは男の思う通りに目が出るので大分工合がよい。それでいろいろな物に化けさせたが、ある時隣家に婚礼があって、何か祝い物をせねばならぬがあいにく何もない。そこで賽の目に鯛と出ろと言うと、見事な赤鯛になる。男がそれを持って隣家へ招かれていく。鯛は一同から誉《ほ》め言葉を受けて、やがて台所へ下げられ料理の段になって俎《まないた》に載せられると、急に跳ね出してとうとう床下へ遁げ込んでしまう。そんなわけで男が無理な注文ばかりするので、狸が愛想尽かしをして、別れる段に八畳敷を見せることになる。そうして立派な青畳を敷き詰めた座敷になるが、男が見惚《みほ》れて煙草《たばこ》の喫殻《すいがら》を落とすので、ジジと音がして座敷はたちまちに消えてしまい、博奕打ちは一人広い野原の真ん中に坐っていたという筋であった。

今一つは、一人の小僧が道で皺《しわ》くちゃになった袋のような物を拾う。触ると温かで柔らかでもじゃもじゃしたものである。その袋が、前の話と同じように小僧の言うまいろいろの物になってみせる。最後に小僧が八畳敷と言うと、見事な座敷になったが、中に一ヶ所変な括《くく》り目のようなところがある。小僧がそれを気にして、針の尖《さき》でチョイと突くと、ジジと音がして元の毛だらけの変な物になってしまって、もう役に立たなかったと謂うのである。

二一　狸の最後

村の狸の話もはや末であった。屋敷近くの森や窪にいた狸は、村の者との呼びくらべに負けて、軒下へ来て仰向けになって死んでいた。その他の古狸の多くも大方は狩人《かりゅうど》に鉄砲で撃ち殺されたり、カンシャク玉を噛まされて、口中を打ち割って死んでしまった。

そうして煮て喰ったが、肉が恐ろしく剛《こわ》かったくらいで簡単に結末が着いていた。かつて多くの物語を遺したものの末路としては、あっけない最後であった。それからもう一つ、呼び負けたり鉄砲で撃たれたのでなく、やや狸らしい最後を遂げたものもある。

明治三十幾年であった。豊川《とよかわ》鉄道が初めて長篠へ通じた時である。川路《かわじ》の勝楽寺森《しょうらくじもり》の狸が、線路工事のために穴を荒らされた仕返しに、ある晩汽鑵車《きかんしゃ》に化けて走ってきて、こっちから行く汽車を驚かした。初めの時は汽鑵手もうっかりして、慌てて汽車を止めたが、次の晩には、向こうも同じように警笛を鳴らしたが、構わず走らせると、その汽鑵車はフッと消えて、何やらコトリと轢《ひ》いたと思ったが、ただそれだけでもう何事もなかった。翌《あく》る朝見ると線路に古狸が一匹轢かれて死んでいた。それを線路工夫が拾って煮て喰った。あの川路の停車場から少し長篠寄りの、山をえらく掘り割った所だなどと、もっともらしい話であった。それ以来勝楽寺の森へは、ちっとも狸が出ぬそうだ。

妙な事にこの話の生まれる前に、同じ類の話を私などもすでに聴いて知っていた。話は川路よりは遠かったが、初めて東海道へ汽車が通じた時だと言う。宝飯郡《ほいごおり》の五油《ごゆ》と蒲郡《がまごおり》の間のトンネルで、古狸が汽車に化けて轢かれたともっぱら言うた。トンネルができて穴を毀された恨みと言うのも前の話と違わなかった。汽車が第一に運んできた土産だった事はよく判る。いかな狸の奴でも、汽車には叶うまいなどと、感心したものであるが、一方から考えると狸にとっての汽車は、トンネル工事で穴を毀される以上に、憎い憎い敵であったかもしれぬ、そうして結果は狸が負けて亡びていったのである。

トンネルの事からもう一つ連想する話があった。明治の初年、長篠の湯谷《ゆや》から、川伝いに牧原《まきはら》へ越す峠を、独力でもってトンネルを開鑿《かいさく》した者がある。その後そこの山の狸が、穴を荒らされた腹いせに、毎晩出て悪戯をする、日が暮れると、マンボ（トンネル）の中ほどに傘をさして立っていて嚇《あだ》すと言うた。穴を荒らした主でなしに、通行人に仇をしたのは聞こえぬ訣合《わけあい》だったが、こちらは汽車でなかっただけ狸の方は太平楽《たいへいらく》でやっていて、結局通行人が永い事迷惑したのである。しかしそこの狸は格別殺された話も聞かなかったが、近年人道の下をさらに汽車のトンネルが通じたから、あるいはまた変な真似をして轢き殺されたかもしれぬ。

あるいはとくにどこかへ安住の地を求めて去ったものか、もう大した噂も聞かなかった。

半殺しの狸ではないが、まだ言い残した事が一つある。横山から東へ、遠江引佐郡《とおとうみいなさ》別所《べっしょ》の、本竜寺《ほんりゅうじ》という古寺では、夜になると狸が雪隠《せっちん》に来て悪戯をする。ある時寺にいた娘が用足しに行って青くなって逃げ帰った。寺婆が検分に行くと白髯《はくぜん》のすごい爺《じじい》が中に蹲《しゃが》んでいたと言う。明治初年のことでその婆《ばあ》さんから直接聞いたという話が伝わっていた。その他狸が雪隠の戸を鳴らす噂も聴いたものである。誰もいないのに、ギーと音がするのは狸だなどと言うた。この話と関係があるかどうか知らぬが、山小屋などでも狸が雪隠について困るという話をしばしば聞く。しかしこれは餌を求めて来るので、他意あるものではないらしい。あるいは狸でなく貉《まみ》だという説もある。

終わりに

えてして冬にありがちな天候であった。夏分にある油日《あぶらび》というのとも異《ちが》って、どんより落ちついて晴れとも曇りとも、境目の判らぬような空合《そらあ》いである。こうした日に限って、ものの隈《くま》がくっきりと浮いて、遠くの山の木の葉も、一枚一枚算《かぞ》えられる。大小さまざまの恰好《かっこう》をした山に囲まれた村の中は、まるで水の底のような静かさを保って、次の瞬間に迫るであろう何事かを待ち受けてでもいるようである。こうした折であった。体中の血も暫《しばら》く流れを止めたように懶《けだる》くて、肉体が表面からだんだんぼかされ溶かされて、まわりの空気から土の中へと、沁《し》みとおってでもゆくかと思うような一刻である。しずかに、どこからか――それは地の果てからでも湧《わ》いてくるような――幽《かす》かな喧噪《けんそう》に似たものが次々に迫ってくる。そうしたものが一度、肉体のどこかに触れたと思うと、人々の心の糸に、にわかに異常な緊張が蘇《よみがえ》ってきた。それがどういう性質のものか説明もできない中に、アァ、どこかで猪を追《ぼ》っている、と口の端へはもう出てきたのである。じっと耳を澄ますといかにもとおくからホイホイという声が聞こえてくる。つづいてキャンキャンと鋭い犬の鳴き声がする。なるほど猪追《ししぼ》いであるらしい。やがてそれ等の響きが、次々にはっきりしてくる。あたかも風が峰を渡ってくるようだ。

狩人が猪を追って、山を越えて近づきつつあるのだ。鉄砲の音がする、矢声《やごえ》が続けさまに響く、猪追いは今まさに酣《たけなわ》であった。それと知ると畑に働いている者も、路《みち》を歩いていた者も、もうじっとしていられぬような焦燥を感じた。どこだろうと、仕事の手を休めただけでは済まされない、思わずあてもなく走り出す者もあった。人々の胸には、猪の走る姿が、明らかに映っていたのである。

村の人々にとっては、猪追いそのものが、単なる興味ばかりでなかった。別に何か劇《はげ》しく心を惹《ひ》き捉《とら》えずにはおかぬものが、肉体のいずれかにまだ失《う》せきらずに潜んでいたのである。

こうした村の人々が、獣の話に興味を抱き、好んでそれを物語ったり聴こうとしたのもどうやら肯《うなず》かれるのである。狩りの話が面白くて忙しい仕事も忘れて、畑の隅に蹲《しゃが》んだまま、半日潰《つぶ》してしまったなどの事も、そこではちっとも不自然なことではなかったのである。

＊

猪・鹿・狸と、山の獣の名が麗々《れいれい》と並んでいながら、獣そのものの話が、いたって少なかった事は、語る者としても誠に不本意である。獣のことにその生態に関する話の少ない理由は、また別にあったのであるが、実はここに挙げた話の全部が、本来『三州横山話』と一緒に語るべき性質のものであった。したがって話の範囲も、横山《よこやま》の村を中心とした、わずか数里にわたる地方より以外にはほとんど及んでいなかった。ことごとくそこで生まれて成長したものでなくば、保存されたものである。それで『横山話』とは絶えず触れ合っていながら、どちらか一方に纏《まと》めて、筋目立てる事のできなかったのは、歯《は》がゆい限りである。

私にとって横山は祖先以来の地で、生まれて十幾年間をほとんど一歩も外の地を踏まずに育《はぐく》まれてきた因縁の土地である。境遇も感情も、ただの村人に成り切っていたであろう。もともと農家に生まれて、村一般のしきたりの中で育ったのだから、当たり前の事である。話にしても、村の人が興味をもって語る事を、そのまま素直に享《う》け入れたままである。あまり村の人そのままである事に、今でも驚いているくらいである。しかし仮にこの物語の内容に、村の人らしくないところがあったとすれば、それは東京に十幾年暮らしてきてこの話をする現在である。そのためなまじい都会人らしい常識と批判が加わっていたとしたら、話そのもののためには、まことに本意《ほい》ない訣《わけ》合《あい》である。しかしその事はどうとも致し方ない、どうやら横山に咲いて、小さいながらも、実を結んだのが東京であったとするより詮《せん》ない事である。

＊

獣の話が少なかった一つの理由は、蒐集《しゅうしゅう》が不充分であった事にもよるが、それよりも横山付近の土地が、かれ等獣にとって、すでに足跡《そくせき》のあまり濃い地方でなかったのである。地勢から言っても、環境から見てもそうではないかと思う。仮に足跡が濃厚であったとしても、それはもう久しい以前のことで、近代では、かれ等のために一個所《しょ》取り遺《のこ》された偶然の場所に過ぎなかった、そんな風にも考えられるのである。こう言うと話の内容と、大分矛盾する点もあるが、かれ等が土地から姿を匿《かく》したのは、村の人々が信じていたごとく、三十年、四十年前のものでなくて、その間に、もっと大きな隔たりがあったのではないかと思う。それで話そのものはまさに尽きんとする炉の榾火《ほたび》が、炭に変わる前の最後の輝きを見せたようなものである。あるいはまた袂《たもと》を別かつべく遠くからのかれ等の相図にもひとしい。話の一つ一つを克明に辿《たど》ってみると、そういう事が感じられるのである。

もちろん程度の問題であるが、例えば明治三十年頃の段戸《だんど》山中に現れた夥《おびただ》しい鹿の群れなども、久しい言い伝えの幻影であって、事実はかつてある時代に、かれ等は夙《はや》くに峰から峰を越えて、霧のごとく消え去っていたように思われる。私のこの判断が誤っていたとしても、四周の状況は、どこまでも話のままを事実として主張しきれない気がする。

今一つの理由は横山の地勢であった。山村とは言い条、一方外界との交渉がはげしくて、静かに話を繰り返しているには、あまりにも忙し過ぎた。早くから汽車の汽笛を聞くようになったために、獣以上に話を亡びさせたと思うことである。

＊

横山は東三河《ひがしみかわ》を縦貫《じゅうかん》した豊川《とよかわ》の上流で、遠江《とおとうみ》国境には三、四里の路程《ろてい》にある一寒村である。村からいうと西南方すなわち豊川の下流地方と、北東山地との境界に当たっていた。東海道筋からはいって、豊川の流れに沿った七里の路は、やや平坦な丘陵を縫うて走っていたが、ここから急に山が高くなって、路は山また山の間を、信濃《しなの》に向かって辿っていたのである。それから先はいわゆる北三河の山地すなわち現今の北《きた》設楽《したら》郡で、昔の振草《ふりくさ》の郷であった。段戸山をはじめ、月の御殿山《ごてんやま》、三つ瀬の明神山《みょうじんやま》など、三河の代表的深山で、そこはまだ文明の光も透《とお》さぬ天狗《てんぐ》・山男の世界のごとく永い事信じられてきた土地である。したがって山稼ぎを職とする杣《そま》、木樵《きこり》の類《たぐい》も多く入り込んでいた。その連中が次から次に話を運搬してきて、そうしてこの平地との境に撒布《さんぷ》したのである。私などはたまたまそれを拾わされた一人であった。

猪、鹿を初め多くの獣の本拠もまたそこにあって、村が山続きにそこに続いているように、獣もまたその間に連絡があると信じていた。例えば家の表口と背戸《せど》口のように、表の方は東海道筋の明るい交渉を受けているが、一度背戸口に廻れば依然として昔のままの山の生活がつよく根を張っていた。そういう環境に置かれたのが、横山の村だったのである。

しかも村の人達が、かれ等獣たちの本拠のごとく考えていた地も、もはや今日では多分の隔たりができていた。今年の正月に北から南へ昔の振草の郷を歩いてみると、私が見聞した範囲では、猪、鹿の類もとくに姿を消してしまってもう二十年も経っていた。猪などはかえって、私の在所の方が本拠のようにさえ思われた。

実のところ私などが以前から信じていた獣の世界との交渉は、そこもとっくに断たれていたのである。そうしてみれば横山の猪なども、全く孤立した山蔭《やまかげ》に取り遺されていた一つに過ぎなかった。それも、わずかな数であった。一個の獣の影を、地を替え人を代えて、幾つにも見た程度のものであったかもしれない。

ここに集まった話がちょうどそれであった。山蔭に取り遺《のこ》されたもので、とくに消えていたはずのものである。それだけに、内容のない影の淡い話ばかりであった。その上にも話の一つ一つが、何年前の事、どこの出来事として、その折々に呱々《ここ》の声を挙げたものばかりでなく、話が生まれると同時に、もう久しい伝承の衣を着けていた事も争えない。

＊

獣ばかりでない、猪、鹿、狸に絡《から》んだ人間のことや家の物語がそうであった。いちいち正確な事実の伝承とばかりは決められなかった。例えば鳳来寺行者越《ほうらいじぎようじやごえ》の一つ家の話にしても、そんなに古くもない事だが、すでに幾通りにも語られている。えらい剣術使いの又蔵老人が死んだのは、明治になってからららしいが、相貌《そうぼう》の説明にも二通りあった。一眼で小男であったという一方に、いやそうでないと、反対の特徴を言い張る者があった。いやたしかに眼は一つであった。現に一つは弓術《きゆうじゆつ》の遺恨《いこん》から、大野町《おおの》の某《なにがし》にどこかの祭りの矢場で欺《だま》し討ちにされて潰《つぶ》されたと言うのである。しかしこうした問題はまだ始末がよいが、四尺幾寸の小男であった事は確かであるらしいのに、立派な体格であったなどと、途方もない事を語る者もあった事である。こうなると、話も何を的に聴いて宜《よ》いか判らなかった。話し手の心理状態から検討してかかる必要も生じてくる。しかしそれは今は到底不可能な事である。

せめて話し手の姓名や年齢から、できれば性質を何かの栞《しおり》にと挙げておく程度である。ことに性質はまだしも姓名と年齢は是非とも言わねばならぬが、それが多くの場合不充分であった。実は大部分は判っているのであるが、いろいろの筋合から、わざと省いた場合も少なくない。それには話の煩《わずら》わしさを考えたためもあるが、もっと大きな理由はその人々への気がねである。読者には誠に相済まぬ次第であるが、こうした類の話の種になった事を、何か馬鹿にでもされたように考えようとする人がありはしないかとの老婆心が働いたのである。もちろんその人々のことごとくがそうした感情を抱くとは信じないが、そうした心遣いから、手加減を加えざるを得なかった。

＊

この話が世に出るについて、第一に思い出さねばならぬ事がある。東京の山の手の、樫《かし》の木立に囲まれた家であった。そこは外濠《そとぼり》に近い高台の屋敷町で、東京の街中でいながら電車の響きも大分遠かった。西向きに庭を控えた部屋の、片隅に置かれた椅子に腰を下ろすと、硝子《ガラス》戸越しに、うっすりと青苔を被《かぶ》った庭土が見えた。ちょうどその中央あたりに、桜桃《おうとう》が一株不調和に枝を伸ばしていて、それと向かい合って、古いどうだんの株があった。庭の行き詰まりは、高く伸びたかなめの垣で区切られていた。今思うと、その間もう幾年かになった。その部屋を訪れるたびに、次から次へ、きまりもなく語った話が、いつとなしに溜《た》まってしまった。たとえ塵芥《じんかい》にしても、これだけになってみれば、このままさらに谷や川へ持ち出して捨ててしまうのは惜しい、なんとかならぬかと言われるまま、思い切って似よりのものだけを、また小分けに拾い上げてみる事にした。それがここに集めたものだったのである。考えるとかなり永い間であった。ある時は桜桃の花がもう散りかけていた。それが実を結んで、幾度か花を持ったのだ。かなめの葉が、一枚一枚陽に輝いてはっきり読まれる日もあった。寒いみぞれの来そうな日に、虎鶫《とらつぐみ》が一羽どこからか迷い込んで、頻《しき》りに苔をついばんでいた。暑い夏の陽盛りを白い猫が、静かに飛石の間を歩いていった事もある。

今思い出しても恐縮するほど、よくも臆面《おくめん》なく横山の炉縁を持ち出したような話を続けたものと思う。そういえばあの椅子の前に在った四角な火鉢台が、さしずめその炉縁の役目をしたのである。そうしてみると語り手の私は横座に向かった木尻《きじり》の客でもあったのである。仮に火鉢台に心があれば、そんな呑気話をここでされてはたまらぬと、そう言ってたしなめたかもしれない。その間に、部屋の長押《なげし》に掛かっていた、むつかしい維新の元勲《げんくん》の書が、いつか横山の山を描いた、額に変わっていた事も考えようではふしぎである。

木尻の客は、話が済み腰を上げて、暇乞《いとまご》いして玄関を出るとほっとした。何かしら口に言い現せない、体中汗ばんだような興奮があった。外には明るい都会らしい陽が照っていた。足を電車通りの方へ運ぶ間名残の夢でも惜しむように、暫くは村を思いつづけた。そうしてかつて語ってくれた村の人々の顔が、なんの屈託もなさそうな眼つきがしきりに胸中に去来するのを感じた。

その人々の中には、語りおわった時、眼を真っ赤に泣《な》き腫《は》らしていた人もあった。遇《あ》ったら話そうと、忙しい仕事の間にも、忘れまいと心がけていてくれた人もある。ほんの子供の頃聴いた話を、何十年か胸に蔵《しま》って忘れていたのを、問われるままに、思い出したという女もあった。その人々の顔つきだけ思い出しても、語りおわった時にはこの私と似た心持ちであったろう事が想われる。よし明らかに意識はしなくとも、少なくも話していた間だけでも、話さぬより幸福だったであろう。

中には、もう死んでしまった人もある。一度は語ったものの、仕事や境遇に追われて、再び思い出さぬ人もあるであろう。

このまま放っておいたら、いずれはどこともなく水泡のように消えてゆく運命である。そうしてみればこの小篇は、それ等の人々や、あるいはまた山陰に最後の孤影《こえい》を守って、淋しく亡び去った猪や鹿や狸を懐《おも》うなつかしい記念であって、そうして千匹猪の塚ならぬ供養の塔であった。形はよし拙《つたな》くとも、建てたその者は因縁が薄くとも、永く山口の草に埋もれつつも残るであろう。こう考えれば、あの横座の主に迷惑をかけたのも、火鉢台に退屈さした事も、共に縁りの並々ならぬものを感ずる。したがって吾《われ》一人の問題ではなかった。私の後から多勢の人達やたくさんの獣達の姿も見えるようである。そうだ、それ等の人々や獣達に代わって、溜息《ためいき》を吐くほどの大きな感謝を、あの横座の主に捧げねばならぬ。

（大正十五年十月）

鳥の話　附録

一　私の生まれたのは東三河《ひがしみかわ》の一寒村であるが、久しく村を離れていて、時折訪れてみると、そこに以前とは著しい変化の痕《あと》が眼につく。只今ではどこの家でも、納屋の隅や雪隠《せっちん》の脇などに、竹や金網で囲った鶏舎《とりごや》が設けられて、アンダラとかレグホンなどという洋種の鶏が飼われているが、三十年前、私などが育つ頃には、こうした物はさらに影もなかった。鶏はいてもいわゆる放し飼いで、どこの家にも一つがいかあるいは三羽ぐらい、土間の隅や表の端などに遊んでいたものである。今日のように、卵を買う費用を他の途で稼ぎ出せば、糞《ふん》ばかりして汚い鶏などはいらぬという類《たぐい》の理窟《くつ》はまだ通らなかった。

二　家がある以上、付属物のように、生活上なくては叶《かな》わぬほどの地位を占めていた鶏で、飼っているというよりも、いたという方がはるかに適切であった。私の家などで置く鶏の品種は自ずと決まっていた。みのひきと謂《い》うて、腰のところに簑《みの》を着けたような長い羽毛を垂らしている。黄金色の勝《まさ》った体の細い、鶏冠《とさか》の美しい鶏であった。それがある時雄を鷹《たか》に捕られてからは、どうしても以前のように美しいのを補充ができなくなった。父がそれを気にして、幾度か鶏屋を招んで取り代えさせたが、表に立って餌をついばんでいるところなど、視るともなしに眺めると、やっぱり真正のみのひきではないと言って零《こぼ》したものであった。どこかに異なった種の血が混じっていたのである。

三　すぐ隣の家には、代々小闘鶏《こしやも》というのがいた。体の小締まりに締まった、鶏冠の固い鳥であった。親鳥が年老って代を替えても、以前のと区別ができないくらいよく似ていた。よく主人の気性を受けて、強情張りで喧嘩《けんか》に強いという評判であった。でも美しい鳥であった。

谷一つ越した下の屋敷には黒の倭鶏《ちやぼ》がいた。全身濡羽色《ぬればいろ》して、脚の白い、鶏冠が際立って紅い、絵のような姿をしていた。土間に米俵など積んである家で、その上につがいで遊んでいるのが際立って美しかった。にわとりだから土間《にわ》にいるものだなどと、その家の婆《ばあ》さんが教えてくれた。その婆さんが、ある時鶏のつがいを描いてくれと、半紙を持って私に頼みにきたことがあった。その絵でもって荒神《こうしん》さんに御願《おがん》を果たすのだといって、真っ黒い大黒柱に私の拙《つたな》い絵が永いこと貼ってあった。その時荒神様は鶏の遊んでいるのを一ばん喜ばれるのだと聞いた。

村のどこの家を訪れても、美しい紅や青の絵に描いたような鶏がいたものであった。氏神の社の下の家には、抜けるように白いつがいがいた。こうして鶏といえば美しいもの、声の良いものと思いこんでいた。そうして子供心に吾《わ》が家の鶏が一番優れていると信じていた。

四　その頃はまだ村に時計が普及していなかったので、鶏がなくては一日も送れなかった。昨日鶏を狐に奪《と》られたために、時刻を間違えて、ひどい目に遇《あ》ったなどの話もあった。そんなわけかして、鶏の巣といえば土間の向こう正面の厩《うまや》の上と決まっていた。黒い止まり竿が宙に横たわって、その下に糞除けの筵《むしろ》が吊《つ》るしてある。夜など大戸を跨《また》いで土間《にわ》に足を踏み入れると、厩の馬の顔の上から鶏が覗《のぞ》いていた。朝になって大戸の隙《すき》が明るくなると、第一に雄鶏がバタバタと舞い下りて、まず土間《にわ》の中央で勇ましく羽敲《はばた》きして鬨《とき》をつくる。

朝起きて一番に土間《にわ》を掃く者これなァに

などという謎は、どんな子供でも知っていた。雄鶏《おんどり》が朝起きて羽敲きして鬨をつくるのは、その一日の魔障《ましょう》を祓《はら》うのだとも聞いた。年の暮の煤《すす》払いには、鶏の巣も下ろして糞を除《よ》け、新しい吊縄《つりなわ》に取り代える。

五　鶏はまた目出度《めでた》いものとも謂うた。昔某《なにがし》の名高い絵描きに、この世で一番見事なものを描いてくれと所望したら、宜《よろ》しいと答えてすらすらと描いて出したのは、萱葺《かやぶき》屋の棟に雄鶏が鬨をつくっている図であった。それとは逆に醜《みにく》いものというと、雪隠の屋根に南瓜《かぼちゃ》が這《は》い上がった図であったそうな。家棟に雄鶏が上っている絵様の美しさは、村の誰もが共通に感じ異存のないところであった。ある時母に伴《つ》れられて隣村を通った時、一番高みにある家であったが、白壁造りの主家《おもや》の棟に、雄鶏が上っていた。それを母に指さされて、子供心にしばし見惚《みほ》れたものであった。ここでは家棟に十文字に組んだ木を矢筈《やはず》と謂った。

六　鶏は神様のお使姫と聞いていたが、それを如実に識《し》る機会もまだ遺《のこ》されてあった。冬のことで隣家に風呂《ふろ》に招かれた際であった、順番を待つ間炬燵《こたつ》にはいっていると、突然厩の上で鶏が二声鬨を作った。アレッと驚いて鶏の巣の方を見返した時、家の主人が血相変えて立ち上がって、鶏を下《お》ろせ鶏を下ろせと主婦に急《せ》き立てた。やがて梯子《はしご》を持ってきて巣から鶏を抱き下ろした。鶏の宵鳴《よいな》きは不吉の前兆であろうと、居合わせた一同不安を抱いた。長男が急遽提灯《きゅうきょちょうちん》に火を入れて、村の修験者の家へ飛んでいった。その後で主婦が桝《ます》に白米を入れてきて、キョトンとしている鶏の前へ、叮《てい》嚀《ねい》にお辞儀をしてから「よく知らせておくれました」と述べながら、米を撒《ま》いて与えた。修験者へ往った長男はまだ還《かえ》ってこなかった。

七　話が変わった方向へ飛ぶが、鶏が水を呑《の》む恰好《かっこう》が幼い心に物珍しくて、それを真似てひどく叱られた記憶がある。主家の脇の雪隠に近い所に南天が一株あって、その傍に苔の着いた手水《ちょうず》鉢が据えてあった。それへ鶏が上って水を呑む。一口含んでからグッと高く頸《くび》を上げて、嘴《くちばし》を細かく動かして呑み込む。それが物珍しくて、ある時手水鉢に両手を置いて、鶏のするようにじかに唇を着けて一口含んでから、顔を空に向けて口を動かしながら呑んだのである。

鶏に対する詞《ことば》なども、たしかに親しみのあるものであった。呼ぶ時はココココと、鳥のように口元を尖《とが》らせて、掌《てのひら》を前に出したりした。鹿爪《しかつめ》らしい爺《じい》さんなどの、そうした恰好を思うと、なるほどああもあろうかと、今思うても感心させられるほど親しみ深い。それとは反対に、叱って追う時は、必ずポーまたはポッと言えと、祖母から教えられたものであった。シッとかショウなどというのは、年老った人ほど用いなかった。むやみに大声を挙げて、ウワッなどと怒鳴って、嗜《たしな》められたこともたびたびあった。ある時それをやると、縁側で綿を繰《く》っていた祖母が、譬《たと》えようのない表情をして吹き出したものである。よくよく度《ど》し難《がた》い処置なしとでもいった顔つきであった。

八　鶏に対する詞や態度も、まさに変わろうとしていた時代であった。種々の点で、家とは離れ難いものになっている一方、眺めるものでもあった鶏が、近頃の卵本位の汚い鶏に変わったそもそもの初めは、村では黒の倭鶏を飼っていた家であった。体全体がブクブクと変に肥って、薄汚い灰色をした、その上脚にまで毛が生えているコウチンという鶏で、はじめて見た目には鶏らしく思えなかった。人間で言えば遠い他国のならず者でも連れてきたようで、それが鬨をつくる声を聴くと、自ずと嘲笑《ちょうしょう》でもしたくなった。アンな鶏の卵は、呑むのも穢《きたな》らしいなどと、子供同志で語り合ったが、当時は少しくらい腹痛があっても、鶏卵の一つも呑んで済ましておくという状態であった。

九　地鶏と洋鶏の優劣論が吾々少年の耳へはいったのもその頃で、子供同志学校の往《い》き還《かえ》りによく論じ合ったものである。村のある物持ちの主人が久しく虚弱でいて、ある日父と向かい合ってその論をやっていた。コウチンの卵などは、いかに巨《おお》きくてもさらに効験《ききめ》を感じないが、そこは地鶏の卵で、三、四日も続けて用いると、こう坐《すわ》っていても、自ずと掌の裡に脂肪が浸んでくると語っていた。中にはまた、地鶏の卵は呑んで三足歩くうちに効験が現れるとも謂った。こうした霊薬以上の讃美を受けたのも、実は鶏卵を薬餌《やくじ》に用いて日が浅かったからで、言わば物珍しさからであった。しかしそれも束の間で、村には軒ごとに洋種が殖えていった。

一〇　洋鶏を飼うようになって、第一に必要に迫られたのは鶏舎である。体が小さくて食慾《しょくよく》も細い地鶏と異って、卵を多く産む代わり食慾も旺盛な洋鶏を飼うと、屋敷廻《まわ》りの麦畑や菜畑から緑の影が消えていく。彼の鶏奴《とりめ》は青い物ならただの草でも食うなどと悪く言い言い、俄《にわ》かに鶏舎を作らねばならなかった。それで名称も早速にトリヤマと謂うた。鶏を容《い》れる厩《うまや》であった。厩に容れておく鶏なら汚くても文句はなかったのである。

一一　あたかもその頃であった。川向かいの村の物持ちが零落して、門構えの家を畳んで、街道傍の石屋根の家に移転して、こともあろうに鶏屋を始めた。職業として将来性を認めたかもしれぬが、なんとしても人柄にふさわしくなかった。鶏籠《とりかご》を天秤棒に引っかけて、家々を廻っていた。その人が肺を患っていた私の姉に、地鶏の生血を呑むことを熱心に薦《すす》めるのには驚いた。俺が採って差し上げると言って、籠から摑《つか》み出した雌鶏《めんどり》を、土間の隅の藁《わら》打ち台に持っていった。家の者は見るのが厭《いや》だというわけで、上り端《はな》の障子を閉め切った。左脇に鶏を抱えて、頸を藁打ち台に据えると、鉈《なた》を把《と》ってサッと断ったのにはビックリした。ドクドクと流れ出る血を手早く湯呑みに溜めて差し出したが、誰もこれを受け取ろうとはしなかった。最後にもったいないからとあって、私のところに廻ってきた。湯呑みを受け取って、眼を閉って一気に呑んだが、塩気の勝った味が強く舌の端に残った。今懐《おも》うても慄然《りつぜん》とするその場の光景であった。

一二　地鶏の姿はこうして一つ一つ消えていった。よくよく亡び去る時世であったのだ。村で最後まで放し飼いの地鶏を保存した私の家でも、いつかアンダラという黒鳥に変わっていた。鶏を飼う以上、年間に幾つというほどしか卵を産まぬ地鶏などは、莫迦《ばか》げているというように、村の人々の思考にも大きな変化が行われていた。卵買いという職業が、新たに登場したのも、実はその頃であったように思われる。

　家が無人で鶏の世話も容易でないからと、一旦はなくしてもみたが、流し元の残り物や、零《こぼ》れた穀物がもったいないという老人の説を容れて、再び二羽三羽ぐらい置くことにした。

　鶏の巣が厩の天井から、納屋や雪隠の脇へ移されたのも、当然の推移であった。卵を得る以外、他になんの期待も必要もなくなれば、声の良し悪しや姿恰好などは問題でなかった。たくさんに餌を喰べて、一個でも多く卵を産むように、お尻が丸々と太っているほど要求に適《かな》っていた。汚いことは先刻承知であって、それにはなるべく目立たないところが似つかわしかった。村の人は多く朝寝になったという。鶏の姿が友禅《ゆうぜん》やメリンスの花模様から、実用本位の毛糸細工に代わってから、村の人は多く朝寝になったという。時代の変遷によるのは言うまでもないが、あの声と羽毛の美しい地鶏がいなくなってから、村の生活は美しさの点で、以前に較べて遥《はる》かに劣ったように思われる。
一三　家に飼われていた鶏から、野の鳥の方に眼を移すと、そこにも別の意味で著しい変化があった。以前は屋敷の居廻りなどに、山鳩《やまばと》なども非常にたくさんいた。家の表に立つと、前の麦畑に鞠《まり》でも転がしたと思うほど、半円の隈をクッキリと見せて、無数に散らかったものがある。それがことごとく山鳩の胸であった。

今日のように桑がどの畑にも植えられなかった頃のことで、ところどころにある茶畑には、冬から春にかけ、茶の実をあさる鳩の群れが、二十、三十ぐらいも渡ってきた。テテッポーと頓狂《とんきよう》な鳴き声が、屋敷近くの木立から、この頃汽笛を聞くように絶えず流れてきた。それが近頃では、パタパタとあの鋭い羽音一つにも、物珍しく空を仰ぐほどになった。

一四　私の家にあった椿と金木犀《しちりこう》の大樹には、冬になると夜の引き明けから種々な鳥が次々に渡ってきて、暫《しば》し羽を休めていった。つぐみが来た、ひよどりの群が来た。羽毛の美しいかしどり（かけす）も時折立ち寄った。よく囀《さえず》る四十雀《しじゆうがら》の群れや、山雀《やまがら》のつがいもあった。眼白《めじろ》の群れは日に幾組となくやって来た。くっきりと晴れた冬空を、高くチーチーと鳴き渡ってゆく眼白の群れが、急に思い出したように舞い下ってきたりした。また、裏の清水の湧《わ》く谷には、朝夕必ず山鳥が寄っていて、人の足音を聴いて、ドドドーと地響きをさせて舞い立ったもので、時には背戸口の筧《かけい》の下に遊んでいたこともあった。今考えると、私などの生い立ちは、これ等の鳥の中で育《はぐ》まれてきたのである。

一五　数年前東京の郊外を歩いている時、藪陰《やぶかげ》からチチと鳴いて飛び出して、傍の桐の梢《こずえ》に止まった小鳥を視ると、幼少時代この方、絶えて久しく忘れていたあおじという小鳥であった。それを見て今さらあくせくとした生活が回顧され、この懐かしい友の姿をしばし凝視《みつめ》たものであった。幼少の頃に、朝起きて顔を洗うべく背戸の筧にゆくと、まず目に触れるのは、そこの地面に遊んでいるこの小鳥の三つ四つであった。柄杓《ひしやく》の柄に白い糞が置いてあったりした。見た眼には薄汚い目のショボショボした、婆さんのようで、ふしぎに親しみの多い鳥であった。日中でも土蔵の裏や、納屋つづきの蜜柑《みかん》畑にゆけば必ずいた。巨きな柑子《こうじ》の樹が、畑一杯に繁《しげ》りかかっていて、根本のあたりは昼でも暗い、そこにもきまって遊んでいた。前の茶畑にも楮畑《かぞばた》にもいた。やぶちつち又はやぶすずめと呼んだもので、いつも澄んだ金属性の声でチッチッと鳴いていた。くびっちょという罠《わな》を、生まれてはじめて自分の手で作った時、第一番に掛かってくれたのも実はこの鳥であった。家近くの桑畑に、桑の梢を曲げて造ったのが、夕方見るともうバネが外れて、曲げた桑の梢が伸びている。胸を躍らせて近づくと、鳥は地面にピッタリ打ち敷かれて、まだ生きていた。それを掌の裡に握りしめて、ドキドキと温かく脈の響くのを、母の傍に見せに走ったものであった。

一六　やぶちっちと同じような恰好で、今少し大きい頬白《ほおじろ》がいた。いつであったかその頬白が、麦の畝《うね》を幾つとなく並んで、鳴きながら前進する。萱の穂で作った矢を弓に番《つが》えてさっと射ると、白い矢が麦の上をかすめて飛んでいった。頬白は一斉に飛び立って遁《に》げた。その頬白の巣を、家の表を囲った杉垣に見出した時は、さすがにいじらしかった。

胸の部分が赤くて背の黒い所に、真っ白い斑《ふ》のある団子背負い（ひたき）も、二三つは定《き》まって家の近くに遊んでいた。尾を振るたびに、ヒュッヒュッカタカタと音を立てる。ある時家から最も遠い茶畑に、くびっちょをかけて、幾日も見廻るのを怠《おこた》っていた。思い出して視にいくと、この団子背負いが掛かっていたが、百舌鳥《もず》にでも荒らされたと見えて、背の部分が破かれてそこから赤い肉が出ていた。罠を外して捕りはしたが、さすがに家に持ち帰る気になれなくて、そのまま友だちの家に持っていった。その家の爺さんが羽毛をむしり取り、串《くし》にさして焼いてくれたが、喰《た》べる気にはなれなかった。

一七　山へ行って木《き》を伐ると、ばかったらし（るりひたき）がすぐやって来た。そっとそこいらに待ってでもいたようであった。追っても遠くへ遁げようとしない、小父さんとでも言いたいような蒼《あお》い鳥である。父や母に伴われて山へ往っても、この鳥がいるので退屈しなかった。幹の間にいる虫を捕って喰うのだと謂うたが、それだけの目的とは思われない。遊び対手《あいて》に来てくれたとしか考えられぬような鳥であった。屁《へ》こき爺さんの昔話で、爺さんが手に据えて舐《な》める間に、ツルリと呑み込んでしまったというチョンノスズメを、いつかこの鳥に結びつけて考えていた。

一八　このばかったらしを、二、三間の距離から狙って撃ったことがある。撃つと同時にパッと一尺ほど跳び上がったまではたしかに見た。ところでそれがどうしても見つからない。道の小石の上に紅《あか》い血が二、三滴落ちているのだし、遠くへ遁げる隙《すき》はないのに、何遍草を分けて捜しても見つからぬ。元々悪戯《いたずら》半分に撃ったまでで、どうしようとの目的はないが、死骸《しがい》が見つからぬのは気になった。しかしいよいよいないときめて、立ち去ろうとすると、道から二尺ほどはなれた春蘭の葉陰に潜んでいた。躊躇《ちゅうちょ》なく掴み上げると、腹のあたりベットリと血に染まって生きていた。夢中で道に叩《たた》きつけたが、なんとも言えず後味が悪かった。

一九　納屋の口の土間の薄暗がりにはみそっちょ（みそさざい）がいた、敏捷《びんしょう》にさっと立臼《たちうす》や水甕《みずがめ》の間などをかすめて翔《と》ぶ。体は小さく羽色も冴《さ》えぬが鷹の属で、巨きな猪の耳の中に飛び込んで、ついに負かしたという逸話が勇ましくて、学校の先生に諭わった以上に、強く感銘を受けたものであった。

二〇　およそ朝起きるから夜寝るまで、往く所に鳥がいたもので、夜でも外に出ればそこには夜鷹《よたか》（みみずく）が翔《と》んでいた。その頃子供たちの仕事といえば、秋から冬にかけては、小鳥を捕えて飼うことで、頬白からあおじと、なんでもあれ手近から捕えて飼った。眼白《めじろ》や山雀《やまがら》を飼うなどは、幾分年たけてからであったように思う。飼鳥の数が日ごとに殖えてゆくのに鳥籠が不足して、急場のしのぎに素麺《そうめん》の空箱の一方に竹のみごを挿し並べて、そこに種々の鳥を三羽も四羽も容れておいた。人が近づくと驚いて、箱の中を右に左に羽敲きして逃げ廻る。それを陽当たりの戸袋などに掛けておく。どこの家にもこの種の鳥箱が一つや二つは置いてあった。

　冬の夜など眠る前にこの鳥どもが気になって、寒かろうの心遣いから、脱いでまだ温《ぬく》もりのある袢纏《はんてん》を箱の上からそっと掩《おお》いかけた。こうした時の気持ちは、言葉では説明のできぬ安らかなものであった。永らく飼っていた眼白の雌を、何かの拍子に遁がしてしまって、どうしても籠に還らぬのに、果ては涙ぐんで後を追っていった。舌切り雀の爺さんそのままであった。夕景が迫って四辺が薄暗くなると、さすがに鳥も心淋《さび》しくてか、こちらの吹く口笛に近づいて、筧の水船の縁に止まって水を呑んで鳴いた。そっと籠の口を差し出すと、鳥が跨《また》いではいった時のうれしさは忘れられぬものがあった。また、久しく飼い馴らした眼白が、朝見ると止まり木の下に仰向けに堕《お》ちて死んでいる。それを畑の隅の人のあまり踏まぬ所に埋めたのも、今思えば子供らしい供養であった。永く飼い馴らしたというても、一年には達しない。秋に捕えたのを、春まで飼いつければ随分と永いように思うたのである。

二一　よく母が涙ぐんで話してくれた。村の物持ちの一家が零落して、親子が手に手をとって東京へ夜逃げする時、一番末の十三になる男の子が、飼い馴らしていた眼白の籠を提げていった一条は、涙なしには聞かれなかった。藁草履の緒が痛いとむずかるのに、緒の間に白紙を畳んで挟んだというのも、頭から悲しい話として聞かされた。ことに眼白を連れていったという子供の気持ちには、同感を禁じ得ぬものがあった。

二二　話の筋がまた変わるが、小鳥を捕える罠一つ作るのにも、鳥がさかんにいた頃と、だんだん少なくなった後とでは自ずと違っていた。前に言ったくびっちょという罠は、こぶちと謂う人もあった。これは子供にも手軽にできる方法だけに、ままごとらしい要素が多分にあった。その作り方は、まず躑躅《つつじ》の新芽の七、八寸に伸びて、先に葉が二、三枚ついているのを折ってきて、鳥の集まりそうな地面へ半円形に挿し並べる。そうして上端の葉のある部分を束ねて、赤い糸などで結んで屋形らしくした。躑躅の茎で囲った中は万遍なく小さな掌《てのひら》で叩いて餌を置く。一方の開《あ》いた口に設ける罠は、青い苦竹《にがこだけ》で作った。中に置く餌は、米櫃《こめびつ》から掴み出してきた真っ白い米粒、それに紅い万両の実、瑠璃色したねこだま（竜の髯《ひげ》の実）、南天の真っ赤な実などで、米は雀、万両の実はひよ鳥、ねこ玉はひたきにと言った風に、色どり美しく並べておいた。事情を知らぬ者が見れば、綺麗《きれい》なままごとと思うに違いない。強いて説明すれば、美しい色彩で誘うと言えるかもしれぬ。餌だけではない、囲いに立てた躑躅の茎の、代赭《たいしゃ》と緑の葉の対照がすでに美しかった。どう観ても、殺伐《さつばつ》な罠を思わせる要素はみじんもなかった。

二三　しかしそれで盛んに小鳥が捕れたところから考えると、鳥もまた作る子供の心理を、そのままに享《う》け入れていたのかもしれない。ふしぎな事にひとたび鳥の掛かり出した罠には、毎日のように掛かった。そうした運《ふ》のよい罠でも、一度野鼠が掛かると、それ以後は野鼠ばかりかかって、鳥は少しも掛からなかった。ここにも運命の不可思議に目醒《めざ》める鍵《かぎ》は置かれてあった。それがだんだん鳥が少なくなってからは、罠も巧妙に人工の痕《あと》を見せぬ工夫をしたが、それでも、以前のようにはもう掛からなかった。

二四　私などの経験では、物の哀れなどいうことも、あるいは鳥などから諭わった事実が多かったように思う。ごく幼いころ、隣屋敷の朋輩《ほうばい》と二人で、土蔵の前の空き地に米を撒《ま》いて、それに集まる頬白を、鼠捕りの枡《ます》落しを真似て、篩《ふるい》を用いて捕えようとした。戸袋の陰に隠れていてこれなら五、六羽は確かに捕れると思い、さっと支柱に結んだ綱を引くと、篩が落ちると同時に、鳥はことごとく遁げ去ったが、一羽だけはたしかにはいった。駆け寄って手に掴んで視ると、羽の美しくない雌で、しかも、右であったか左であったか、片一方の脚が曲がっている不具であった。

二五　屋敷林に渡ってくる眼白を、囮《おとり》を使って黐《もち》で捕る時、雌雄ひとつがいの一方だけ捕えて、後を取り損じた時の気持ちは平静でなかった。いつであったか霜の朝早く、渡ってきたつがいの雄を捕えたが、後の雌が、どうしても黐にかからぬ。黐の傍までは来るがそれ以上は警戒して近づかぬ。その後は高く梢に上っていって悲しげな声で鳴いている。どこかに去ったと思っていると、日の暮れ方にまた還ってきてそこで夜を明かした。朝床の中で眼を醒《さ》まして、第一に耳朶《じだ》を打つのはその雌の声であった。他の群が渡ってくると、一旦はまぎれて従いてゆくが、想い出してかまた一飛びに還ってくる。こうして一週間も続いたにはこっちが参った。数多く眼白を捕えた中でも、こんなのは最初の最後であった。

二六　二、三年前郷里へ還った時、原の中の松の大木に啄木鳥《きつつき》が巣喰った話を聞いた。それを近くに棲む鳶《とび》が見つけて、次々に雛《ひな》を攫《さら》って去ったそうであるが、その鳶の姿が現れるたび、親鳥が悲しい声で鳴き翔《か》けるのが、あまりにも無慚《むざん》で見てはいられない。なんとかして助けてやりたいにも、高い梢の上で手の施しようもなかった。あれを見ては滅多に鳥も撃たれぬと、見た一人の鉄砲打ちの述懐であった。

（大正十四年一月、『民族』）

二七　ごしん鳥というのは鶺鴒《せきれい》のことであった。庚申様のお使姫だから、決して捕ったり悪戯をしてはならぬと警《いまし》められたものである。これに腹の羽毛の白いのと黄色とあって、黄色の方が雄だともまた、黄色のがほんとうのごしん鳥だとも謂った。チチッチチッとつづけて鳴きながら、遠くから宙に大きく山形を描いて翔んできた。家の前の石垣に降りて、忙《せわ》しく尾を振りながら、何かを頻《しき》りにあさっている時など、そっと物陰に隠れたりしたものであった。じっと動かないでいると、足もとまで平気で餌を拾って近づいてくる。追っても遠くへは遁げない。他の鳥とはどこか異《ちが》ったところがあった。

二八　翡翠をしょうびんと謂ったが、魚を巧みに捕り、水潜りの巧者をまたしょうびんと言った。このしこ名をもつ男があった。どこの生まれか村には知る者がなかったが、水死人があって死骸の判らぬ時など、この男を頼んで捜索してもらったものであった。

翡翠の巣は川端の崖などに横穴を穿《うが》って、巣の繞《めぐ》りにきまって蛞蝓《なめくじ》を這わせ、その跡が白く幾重にも付いている。これは蛇を防ぐ目的だと謂った。どうして蛞蝓を連れてくるのか、子供心に解けぬ謎であった。村の茂八という若いヒョウ（材木流し）は悪戯者《いたずら》で、鵜《う》の頸《くび》の淵の近くにその巣があるのを発見して、崖を這い上がって近づくと、巣の口から雌雄二羽の親鳥が頭を揃えてじっとしているのに、さすがに掴むこともできず引き下がったと語った。蛞蝓のことをおんじょろさま（御女﨟様）と謂った。

二九　水恋鳥《みずこいどり》が鳴くと必ず雨が降ると謂った。夏のはじめ呼子《よぶこ》の笛を吹くような声で啼《な》く。「水恋鳥が啼くで雨はもう近いぞナ」などと謂ったものである。伝説ではこの鳥の前世は下女であった。常々馬に水を飼うことを言いつかっていたが、主人の留守にそれを怠った罰で鳥に生まれてきた。日照りが続いて口が渇くので、川に降りて水を呑もうとすると、己の赤い体が水に映って火に見えて呑むことができない。それで梢に上って空に向かって雨を喚《よ》ぶ。雨が降ればその滴で咽喉を潤しているのだ——と。

三〇　同じ小鳥の中でも山雀《やまがら》は眼白のようにたやすくは捕れない。どうかすると囮で捕ることもあったが稀《まれ》であった。それで雛を捕って育てねばならない。そういう点が子供の手に負えなかった。そればかりではない、鳥籠も眼白のように簡単でなかった。芸でも仕込もうと思えば、手造りでは旨くないから、籠屋を煩《わずら》わさねばならない。しかし中には前言う素麺の空き箱を加工して容れておいた。餌は樒《しきみ》や、くさぎの実であった。くさぎの実をびしゃの実と言ったが、これは殻が特別に堅い。山雀が止まり木の上で両脚で押さえて、コンコンと嘴《くちばし》で叩くのが見ものであった。小鳥を飼うことは子供たちの領域であったが、どこの家でも親たちが熱心で、何かと世話を焼いていた。山雀と違って、眼白の方は餌がはるかに楽であった。さつま芋を蒸して、それを籠の上に置けば宜《よ》かった。眼白が籠の天井に摑まって、逆さになって喰べる。さつま芋を与えると、芋そのままの糞が止まり木の下に埋高く積もって、下積みの所が青くカビが来たりした。また、蜜柑を二つに切って、そればかり与えたりした。山の果物は好んで食ったが、きさかきの紫の実は特に喜ぶように思った。きさかきを方言でキシャシャキと言った。これを与えると糞の量は少ないが、紫色に黒ずんでくる。また、七かまどの紅い実も喰った。これをズノミと謂って、山から伐ってきた薪の中に、これの生《な》った枝を見出すのは嬉しかった。かんざしのように紅い実がいっぱい付いていた。霜が来てからは朱実《あけび》も採ってきたが、これはもっぱら自分たちが喰べて、眼白への分け前は少なかった。

眼白が弱ってくると、体を円くふくらませて、止まり木にじっとして動こうとしない。冬の朝など、寒いのだろうとあって陽向に出すが、やはりダメであった。健康な時なら陽に当たると見る見る体が細くなって、活潑《かっぱつ》に啼くのだが、そうはしない。ある時じれったくなって歯朶《しだ》の弓で撃つと、矢が腹に命中してころりと死んでしまった。チュウリンと二声鳴きの雄であった。

三一　百舌鳥《もず》は憎らしかった。屋敷の梅の木に雀が集まって、楽しそうに騒いでいると、どこからかツイと翔んできて、不恰好に尾を動かしている。一瞬雀たちの声が消えて、次々に藪へ遁げこむ。平和の攪乱《かくらん》者という感じだ。

縁先に吊るしてある眼白籠にも、ちょっと油断すると襲いかかる。急いで追い散らしたのに、もう眼の縁を引《ひ》っ搔《か》かれて血が滲《にじ》んでいた。瓜子《うりこ》姫《ひめ》を殺した山姥《やまんば》のようで、腹立たしかった。

眼白を熊ん蜂に喰い殺されたことがあった。坪の内の山梔《くちなし》の枝に籠を掛けて、遊びに出た時であった。道で友達に会うと、お主の眼白が熊ん蜂に喰われていると告げるのに、驚いて還って見ると、いかにも一匹の熊ん蜂が籠の中で眼白を喰っていた。頸の所をほとんど喰い切ろうとしている。こっちは百舌鳥と違って、籠の目から闖入《ちんにゅう》したのである。熊ん蜂の兇悪さは、赤蜂の巣を襲う時、しばしば見てきたが、この時ほど強く感じたことはなかった。

三二　家のみのひき（鶏）が鷹に捕られた時は口惜《くや》しかった。後から考えると、その日は四辺がバカに静かで、平常なら何かしらの鳥の声がするのに、さらにそれが聞こえなかった。昼過ぎになって鶏が見えぬことに気づいて、呼んでみたがどこからも出てこない。その中屋敷脇の柑子の木の下に、鷹に喰われているのを発見したのだ。最初に気づいたのは母で、鶏を捜しながら柑子の木に近づくと、そこから一羽の巨鳥が飛び立った。長く紐のような物を提げていたが、山際の柿の木に止まったのを見ると鷹であった。その時柑子の木の陰で、ギャアとひと声妙な声がしたそうである。暗い木陰を覗くと、そこにみのひきが蹲《しゃが》んでいた。近づくと、それはまさに引き据えられたという形で、背中を喰い割《さ》かれ、そこから紅く臓腑《ぞうふ》が見えている。驚いて抱え出してきたものの、どうにも手は付けられない。鶏は押し潰《つぶ》されたようになって、頸を時々上げてギャアと鳴く。早く息の根を止めてやりたいが、気味悪くてそれもできない。仕様がないので私が出入りの男の家へ走った。男はすぐやって来て抱えていったが、家近くの藪の傍らで殺したようであった。

これで一応結末は着いたものの、なお二羽いる雌の行方《ゆくえ》はしれなかった。ほど経てから納屋の藁を積んだ中から這《は》い出してきたが、よくよく恐怖に襲われたと見えて、しばらくは気抜けしたようであった。

三三　鶏が鷹に襲われた時は、必ず雄がやられて雌は助かるという。鷹が迫ると、雄は雌を庇護《まも》って敢然と立ち向かい、猛烈に闘うそうである。山口文吉という老人は、ある時闘鶏《しやも》と鷹の格闘を実見したが、前後三十分も争う中、闘鶏の勢いが猛烈なのに、鷹が諦めて逃げ去ったという。もっともそれは小さなまぐそ鷹であったが、そういう例は稀であるという。

三四　烏《からす》と蛇の闘いも、単なる生存競争などとは思われぬ激しいもので、何か宿世の怨敵《おんてき》がめぐり合ったようなところがあった。ある時近くの発電所の職員たちが遊びにきて、家の者と縁側に腰かけて話していた。陽も大分傾いた時刻であった、烏が一羽どこからか現れて納屋の前の石垣の端に下りた。そこに一匹の青大将（なまずという）がいたのだ。烏と蛇とが物凄《ものすご》い戦いを始めた。蛇は鎌首を上げて必死に立ち向かっている。烏は危険になるとパッと舞い上がるが、間髪を入れず跳びかかる、見る見る裡に蛇の体が血に染まるのがよく判った。発電所の事務員が、シッと声をかけたが、烏は遁げるどころでない。よほど興奮しているようである。かれこれ二十分間も激しい争いが続いた。後、蛇が全く弱ったと見えた時、烏は石の上に両脚で立ったと思うと、蛇の首のあたりを咥《くわ》えてそのまま宙に提げていった。実に息づまるような闘いであった。

三五　烏は特に多いというわけではないが、どうかすると十五、六も群れてくることがあった。烏鳴きがバカに悪いが、誰か死ぬのでなかろうかなどと、村の人はその鳴き声を気にした。事実何か意趣あってするかのように、無気味な鳴き声をすることがあった。静かな山間の天地だけにそれが特に耳に残った。烏が行水をすると人が死ぬとも言った。小川に四つも五つも重なり合って、行水をやっているのを見たことがある。

烏を撃ってひどい目に遇ったと、狩人の一人は語っていた。苗代を荒らして困ると頼まれて一羽撃ち殺した。ところが翌日からたくさんの烏が集まってきて、さかんに鳴き立て後について廻る。家にはいるとその廻りを離れない。それが幾日も続いたには全く閉口したという。

三六　鳶《とんび》は多くはいなかった。鼠を捕って表に出しておけば、いつか攫《さら》っていった。子供のころ日の暮れ方に、西方の空から次々に飛んできて、東の空へ渡ってゆくのを見た。たしかに鳶かどうかは断定されぬが、鳥ではなかった。一群が過ぎたと思うとまた、次の群が続いて、全部では夥《おびただ》しい数であった。老人たちも珍しいことだと語っていた。鳶よりやや小さいから子供だという説もあった。あるいはヘビ鷹という、一種の渡り鳥であろうとも謂うた。

三七　鷹は鳥の王だから、撃つと祟《たた》りがある。北設楽《きたしたら》郡下田《しもだ》村のキンシという酒屋の主人は、鷹を撃った祟りで気が狂って死んだともっぱら言うた。しかし鷹を撃った者がことごとく気が触れたり祟りがあるわけでもなかった。鷹を撃つには、特別の方法があると言って、次のような話があった。鷹は止まる木がきまっていて、決して他の木には止まらぬ。それを見究めて、近くに穴を掘って隠れている。木の枝には兎や猿の肉を引っかけておく。と、鷹が来てその肉を一口喰うと、二口目は提げていこうとするから、そこの呼吸を測って撃つ。撃つと同時に鉄砲を放り出して素早く脱《ぬ》け穴《あな》に姿を隠すのだ。鷹は常に雌雄二羽いるもので、一つがやられると、片方がすぐ穴の口に襲いかかるものという。この話にはどうやら弓矢時代の匂いがあって、かなり古い話のようである。

三八　鷹の眼球は黄疸《おうだん》の薬というが、別に眼病の妙薬と言い伝えて、いかな難病もたちどころに治る。これを用いるには、薬罐に水を容れて火に掛け、上から眼球を吊るしておく。湯が沸《にえ》るにしたがって、眼球から滴《しずく》が垂れて、中の湯が真っ黄色に染まるという。

三九　明治三十年頃のことという。名倉《なぐら》（北設楽郡）の八幡《はちまん》の森の杉へ、ある日の夕方大鳥が来て止まった。それは鳥とも獣ともつかぬ奇怪なものであった。ところが幾日経っても動こうとしない。村の者が怪しんで、鉄砲で撃った。落ちたところを見ると、ひどく年老った鷹であった。ただしふしぎな事には、羽の裏側に「鞍馬《くらま》」の二字が現れていた。おそらく劫《ごう》を経て命数《めいすう》尽きたものだろうとの話であった。

四〇　鳥の中ではなんと云うても鷹の話が人気があった。鷹の羽倉《はねぐら》などもその一つで、いかにもありそうな話題であった。猿の猿酒、山姥の苧《お》だまき等と一聯《れん》の致富譚《ちふだん》があった。鷹の羽倉を発見すれば、夫婦差し向かいで一代左団扇《ひだりうちわ》で暮らせるなどと謂うた。それは深山の岩山の険しい場所に、雨風のかからぬ所に在るもので、鷹は吾身の羽が抜けると、それを大切に蔵《しま》っておく。その所在を知った時は、鷹のいない時を測って、積んである下から少しずつ抜き取ってくる。こうすればいつまでも尽きる期がない。四十年ばかり前に、鳳来寺《ほうらいじ》山に在るのを発見した者があった。岩と岩の間に、美しく積んであるのが遠くから望見されたが、なにぶん高い崖の上で、近づく術《すべ》がなかったという。また黒倉《くろむら》（北設楽郡）の小鷹明神の峰にもあるという話があった。羽倉に絡んで、次のような説があった。鷹は己の羽を惜しむあまり、たまたま狩人などに撃たれて、いよいよ最期が迫ると感じると、己が尾羽を嘴でことごとく抜きとって、折り割いてしまうという。

四一　多分村の宮淵《みやぶち》には鴛鴦《おしどり》の群れが遊んでいた。宮淵の上流の鵜の頸《くび》も大きな淵で、ここも寄る場所であった。その他大海《おおみ》の二つ池、長篠の碁石の池など、近くでこの鳥の遊ぶ範囲はほぼ定まっていた。

鴛鴦が翔ぶ時は、水面ばかり視ているので、近づいた時、長い竹竿など差し出すと、それに衝突して堕ちるという。長篠と大海を結ぶ渡船が鉄索《てつさく》を手繰《たぐ》って渡すようになってから、その鉄索に鴛鴦が衝突して時々堕ちる。一冬に五つも堕ちたことがある。

まだ見たこともない大きな鴨に似た鳥が衝突して堕ちた事もあると、渡し守が語っていた。

段戸《だんど》山の森林の中を流れる川では、丸太ん棒で鴛鴦や鴨を打ち落とすというが、原理は鉄索に衝突するのと似ている。川はまるで森のトンネルの中を流れている。そこを朝早くまだほの暗い頃に、鴛鴦や鴨の群れがそのトンネルの中を渡ってくる。山で働く杣《そま》たちはそれを測って、丸太ん棒を持って待っている。鳥が近づいた時打ち落とす。わざわざ打ち落とすまでもなく、丸太を差し出していても、衝突して三つ四つ重なって堕ちると、杣の一人は語った。変わった嘘のような猟法である。鳥が宙を翔ぶ時は、前方は見えぬらしい。電線に山鳥が衝突して落ちるというのも、その間の事実を説明している。

四二　北設楽郡の山々には寄生木《ほよ》が多い。冬になって紅く実が色づく頃は、子供たちが採って喰べたが、この寄生木《ほよ》の実に山鳥がついた。寄生木に山鳥がつくのは暮れ方である。狩人がそこを待って撃つのを、寄生木待《ほよま》ちと謂うた。山里のことで珍味というては何もないが、この寄生木待ちの山鳥は珍味であった。山鳥雑炊というて、肉と飯を一緒に炊き込むのである。

四三　啄木鳥《きつつき》をこの地ではテラソまたはテラッポーという。寺に恨みがあって突っつくと謂うが、人家を離れた神社なども、このテラッポーの被害者で、板壁に片っ端から穴を開けられる。直径三、四寸のまんまるい穴である。巣を造る目的で試みるとか、餌を探すと謂うが、目的は別であるらしい。豊根《とよね》村字牧野島のお宮には、一つの板壁に二十幾つの穴を開けてあった。その中の三分の一は、裏から板が打ち付けてあるから、後の三分の二は、それ以後の仕業と思われる。

四四　話が再び山鳥の話に戻るが、山鳥の尾に十三段の斑があるのは人を誑《たぶら》かすという。それで山鳥に出遇った時、逃げようとせぬものには、構うなと教えられた。明治三十何年に私の家の子守が妹を負って出たまま、日が暮れても還らぬ。それで隣家にも応援を求めて心当たりを捜索した。間もなく山の中にいるのを発見して連れ戻した。子守のいた場所は里からかなり山にはいった所であった。後で話を聴くと、はじめ山口で山鳥を見つけ捕えようとして次第に山深くはいったと語った。萱立の中で尾を摑むと、スルリ抜けて鳥は三、四歩前に逃げる。又摑むと抜けるというわけで、日の暮れも気づかなかったと言う。これと全く同じ話を北設楽郡御殿《みどの》村で聞いたことがある。

四五　山鳥は夜陰に山越しする。その時は人魂のように赤い火になって長く尾を引くという。あるいはこれは尾に十三段の斑のあるものともいう。

山鳥の尾は魔除《まよ》けになると謂うて、門口などに挿してあるのをよく見かけた。しかし十三の斑のあるのは滅多にない、多くても十一段程度である。

十三段の斑のある尾は、井戸掘りが井戸を掘る時、水の有無を測るに用いる。これと思う場所に立てておくと、一夜の間に斑の幾つ目かに露の玉が上っている。それで水の有無と深さを知るというのである。

山鳥にはどうかすると肉が臭くて、喰べられぬものがあった。しかしこれは肉が臭いのでなくて、糞ぶくろ（大腸）を傷つけるためともいう。何せ悪食する鳥だから、早く臓腑を抜かぬと、肉が臭くなるおそれがある。

四六　雉子《きじ》や山鳥は鶏の類だから、雄は激しい闘いをするというが、子供の頃、僅々《きんきん》四、五間の距離から、そのはげしい闘いを目撃したことがあった。村の北山御料《きたやまごりょう》林《りん》の篠谷《ささたに》に浄瑠璃《じょうるり》姫の祠《ほこら》があって、そこに出向いている父のもとに、弁当を届けにいった時であった。冬枯れの草山の尾根を過ぎて、足を御料林に踏み込むと、あたりの様子が全く変わってしまう。古木が枝と枝とを絡み合わせるように繋《つな》がっていて薄暗い。太い藤蔓《ふじづる》が蛇のように大木に巻きついて、朽木がところどころ倒れている。それを踏み越えていくと、突然はげしい翅音《はおと》がするのに立ち止まった。恐る恐る前方を透かして見ると、赤い巨きな鳥が二つ、向かい合って闘っている。そこは少し平地になって、木も疎《まば》らで遠くまで見通される。二つとも同じような大きさで、二、三尺も跳び上がったと見る間に、二つが重なり合って落ちる。また離れて跳び上がる。鶏の蹴合いそのままに猛烈な勢いで闘っている。赤く輝くような羽毛が一枚ごとに逆立っている。思い設けぬことではあり、怖ろしさも手伝って、蹴合いをふり返り振り返り、父のいる方に走った。そのことを父に語ると、それは山鳥の蹴合いで、山では時折見かけることだと教えられたが、鶏の蹴合いとは較ぶべくもない壮観であった。その時の鳥の姿がいつまでも眼に残って離れなかった。

四七　山鳥にもあることだが、山で雉子がホロロ打つ音を聞くのは淋しいもので、大地の底から響いてくるようであった。雉子は雛を伴って家の近くへ出てくることがあった。雛は鶏と全く同じであるが、野の鳥だけにひときわ敏捷《びんしょう》で、サッと草叢《くさむら》に遁げこんでしまう。山田の畦の草生《くさぶ》で、草を刈ったら、そこに雉子の卵が七ツ産んであったと言って、母が袂や懐中から、取り出したことがあった。雉子はバカで、どこでも構わず卵を産むなどと言うた。

四八　ニオイ鳥というのがいた。この鳥が人家をはさんで鳴き交わすと、その家に死人があると言って気味悪がった。ほんとうは水鶏《くいな》だと言うが、日の暮れ方や朝早く鳴く。暮れ方などその声を聞くと、ほんに病人が目の前に呻吟《しんぎん》しているようであった。呻吟を方言でニホウと言ったのである。幼年の頃、家人が全部出払ったあと、弟と二人で座敷にいると、家の近くの藪でこの鳥が鳴き出したのに、怖ろしくて、隣家へ走ったことがある。

ウイ鳥というのがいた。これはニホイ鳥とは別だと言うが声が似ていた。姿を見たことはないが、夏の夜の明け方によく鳴いた。遠く川を隔てた向かいの村で鳴くのも聞かれた。ウイ鳥とニオイ鳥が鳴き交わすとやはり人が死ぬと言って怖れた。

四九　蒼鳩《あおばと》は稀にしかいなかった。その鳴き声は鳥の声らしくない、深山の声とでも言った感じがあった。

ハーオハオハオハハハハ

一人で働いている時など、にわかに淋しくなって還ってきたなどと言った。牛追鳥というのがいた。駒鳥《こまどり》のことであるらしいが、村の人はそうは言わなかった。

シーツホイホイ

いかにも牛方が牛を追うように聞かれる。ゴキトン鳥は夜鳴いた。

ゴキットントン

山仕事する人たちは一様に淋しい声だと謂う。キットントンと鳴くとも云い、実は仏法僧《ぶっぽうそう》だという説もあった。また御祈禱鳥だともいう。

仏法僧は鳳来寺山に棲むと言うて、雄はブッポウと鳴き、雌がそれに合わせてソーと後をつけるなどと謂った。仏法僧に限らず夏の夜には、種々の鳥が啼いた。ゴロスケと言うのは梟《ふくろう》のこと。オクンポは木葉ずくであった。どちらも屋敷林に来て鳴いた。梟が昼間鳥の群に追い出されて、隣家の座敷へ飛び込んだことがあった。翌日は杜鵑《ほととぎす》が舞い込んだと言って、これも捕えて籠に入れて飼っていた。

五〇　鳥の話の最後に、ある狩人の夢の話を一つ加えておく。夢の主は北設楽郡三《みつ》瀬《せ》の生まれで、名を原田為作という。今も生きていれば多分八十余の年配で朴訥《ぼくとつ》そのもののような人物であった。三瀬はこの地方で名高い明神山の麓で、戸数二十数戸の、険しい山の底に展《ひら》けた部落である。為作は若い頃は狩人であった。ある時近くの本郷町の者に頼まれて啄木鳥《けら》を二羽撃って与えた。その黒焼は肺病の妙薬と謂うので、禁鳥ではあるがひそかに撃ったのである。その後間もない頃のことある夜ふしぎな夢を見た。

その夢は、為作が家の前に立っていると、どこからともなく霊妙な鈴の音が聞こえてきた。ふしぎに思って空を仰ぐと、蒼く晴れた空をまっ白い鷹が一羽、渦を描いて翔んでいる。見るとその鷹の羽毛の一つ一つがハッキリと見え、そのことごとくに銀の鈴がついていて、その鈴が触れ合って微妙な音を立てる。うっかり見惚れている中に、その鷹がどうやら己を狙っていることに気づいた。それを知って慌てて縁の下に這い込んだが、もう遅かった。脚を摑まれてズルズルと引きずり出された。ヤレ怖ろしやと思って振り返ると、今まで鷹と思ったのは、鼻の高い天狗《てんぐ》さんで、男に向かって言ったそうである。「お前は人の病気を治すとは言え、何も生きた者の命を奪らぬでも良いではないか」と、そう言ってから言葉を続けて、他人の肺病を治したくば俺が教えて進ぜると言って、三種の薬の配合を教えてくれた。それを聞いた瞬間に目が醒《さ》めた。

汗をびっしりかいていた。しかし何かしら楽しかった。やれ嬉《うれ》しや、これこそ神のお告げである。いよいよ運が向いてきたと、心中大いに悦んで、さて夢に聞いた薬を思い返してみた。ところが三種の中の二品だけはハッキリ記憶にあるが、残り一品がなんとしても思い出せぬ。これにはホトホト弱ってしまった。

そこで思案の果てに、せっかく神様が霊薬をお授けあったのに、忘れたのは吾が身の信心が足りぬからだ、何卒今ひとたび薬の名を教え給えと、それから毎日水垢離《みずごり》を取って、二十一日間続けて示顕《じげん》を待ったがついにお告げがなかった。それ以来四十幾年、あの夢は一日として忘れたことはないと語った。昭和五年の冬本人から直接聴いたものである。

猪・鹿・狸

芥川龍之介

僕の養母の話によれば、幕末には銀座界隈《かいわい》にも狸の怪のあったということである。酒に酔った経師《きょうじ》屋の職人が一人（あるいは親方だったかもしれない）折か何かぶらさげながら、布袋《ほてい》屋の横町へさしかかると、犬が一匹道ばたに寝ていた。犬は職人が通りかかるが早いか、突然尾でも踏まれたようにきゃんと途方もない大声を出した。職人はもちろんびっくりした。するといつか下げていた折も足もとの犬も見えなくなっていた。これは狸が折を盗むために職人を化かしたとかいう噂だった。……

今日の銀座界隈に狸のいないことはもちろんである。いや、早川孝太郎さんの『猪・鹿・狸』（郷土研究社出版）の教えるところによれば、遠江《とおとうみ》の国横山《よこやま》*にさえ狸の人を化かすことはだんだん稀《まれ》になっていくらしい。しかしその話だけはいまだにたくさん残っている。のみならずそれは人跡の少ない山沢の気を帯びているだけに経師屋の職人の話よりも底気味の悪いものを含んでいる。

――ある男が日暮れ方に通りかかると、道の脇の石に腰をかけている人があった。かたわらへ寄ってみたら、それが男だか女だか、また前向きだか後ろ向きだかさっぱり分からなんだそうである。――

こういう話は、世間に多い怪談よりよほど無気味である。もっとも『猪・鹿・狸』はその標題の示す様に狸の話ばかり書いたものではない。同時にまた前に挙げたように気味の悪い話ばかり書いたものでもない。僕はこの本を読んでいるうちに、時々いかにも横山じみた美しい光景にも遭遇した。

――また自分の村の山口某は山中の杣《そま》小屋へ、村から飛脚《ひきやく》に立った時途中の金床《かなとこ》平《だいら》の高原で夥《おびただ》しい鹿を見たという た。(中略) 金床平へ掛かった時は、八月十五夜の満月が昼のように明るかったそうである。見渡す限り広々とした草生《くさふ》へ掛かって、初めて鹿の群れを見た時は、びっくりしたという。まるで放牧の馬のように、何十とかず知れぬ鹿が月の光を浴びて一面に散らかっていたそうである。人間の行くのも知らぬ気に平気で遊んでいたのは恐ろしくもあったが、見物《みもの》でもあった。中には道の中央に立ちふさがったり、脇から後を見送っているのもあった。――

こういう鹿の大群の話に、フローベルの『サン・ジュリアン』の狩りの一節を思い出すものは僕ばかりではないかもしれない。『猪・鹿・狸』は民俗学の上にも定めし貢献するところの多い本であろう。しかし僕のごとき素人にも、その無気味さや美しさは少なからず魅力のある本である。僕は実際近頃にこのくらい愉快に読んだ本はなかった。すなわち「オピァム・エックス」をのむ合間にちょっとこの紹介を草することにした。もし僕の未知の著者も僕の「おせっかい」をとがめずにくれれば仕合せであると思っている。

（大正十五年十一月二十七日）

＊本文は東京日日新聞（現東京毎日新聞の前身）のブック・レビューに掲載されたもので、中に遠江の国横山とあるのは、おそらく三河の書き誤りであった。遠江の横山は、天竜《てんりゅう》川の西岸に在る。三河《みかわ》と遠江は隣合わせであり、三河の横山はまた遠江に近いから、その間がこんがらがったらしいが、今となっては訂正するすべはない。

解説

本書の話の舞台は、仏法僧の啼《な》き声の放送で名高い三河鳳来寺山《みかわほうらいじ》を中心とした山村である。天竜川《てんりゆう》をはさんで、鳳来寺と遠江《とおとうみ》の秋葉山を門口にしたその奥は、日本でも山の深さで聞こえた地域で、そこの山窪や入り野の在所からは、山気の結晶のような前代文化の残存が次々と世の中に現れた。古くは『信州遠山奇談』などという山霊の奇異を説いた書物もあり、天竜の流域からは、本書の著者などの努力もあって『熊谷家伝記』という寔《まこと》に伝奇的な大部の史料が紹介された。街道を上り下りした旅人達によって遠州京丸《えんしゆうきようまる》の牡丹などの無可有郷の伝説も人口に膾炙《かいしや》された。有名な花祭や雪祭、田峰の田楽などと数えてくれば、この地帯が不思議なほど伝承度の高い民俗学の宝庫であったことに驚くのである。

早川さんの郷里横山《よこやま》村は、この宝庫への入口のような位置にあるのだが、そこは三信《さんしん》線の車窓からも見えるかと思うほどの、わずかに支流を入った山付きの村である。このあたりの他の村々がそうであるように、なん等変わったところもない村であるが、早川さんの卓れた採訪と記憶によって、懐かしく珍重すべき前代常民の生活が鮮やかに描き出され、日本民俗学史上に特記すべき一連の連作を産み出した。長篠《ながしの》の古戦場におったという片眼の『おとら狐の話』、家の盛衰や鳥獣の話、変わった人の話などを丹念に書き集めた『三州横山話《さんしゅうよこやまばなし》』、東三河《ひがしみかわ》の山村に盛んに行われていた素人芝居の俤《おもかげ》を書きとめた『地狂言雑記』、それに本書を加えた、この系列の労作が後年、著者の主著である大冊『花祭《はなまつり》』に結集されたと見ることができる。

＊

早川さんが画業に志して東京に出てこられて、方向違いの柳田国男《やなぎたくにお》先生に入門してしまわれたのは、大正七、八年の頃であった。当時の日本民俗学は、柳田先生の四個年の御苦心により『郷土研究』の刊行も一段落がつき、ようやく基礎も定まったところであり、佐々木喜善《ささきぜん》さんや折口信夫《おりぐちしのぶ》先生が柳田先生の門に参じた養成期ともいうべき時期であった。柳田先生御自身も間もなく官途《かんと》を辞されて、次々と長い旅行を内外に企てられ、盛んに蓄積を計っておられた時代で、早川さんの登場は最も恵まれた時機であったが、学問の発展のためにもこの時この人が参加したことは、どれだけ大きな力となったか、測り知れないものがある。

菅江真澄《すがえますみ》のような筆まめで素直な記録を多量に遺《のこ》した旅行家は昔もあったが、意識して民俗の観察と記録とを目的に、国の南北を採訪する学者が出現したのは、柳田先生がその型を示され、折口先生もこれを試みられたが、こういう人生の在り方を実践された最初の人としては、早川さんを挙げるべきであろう。

その頃の早川さんは、折口先生と連れ立って随分と苦しいひどい旅行を何度も強行されたこともあった。早川さんの制作には、画面一ぱいの青ぐろい山と、垂れ下がるような曇り空の下に、一かたまりの家居がひそまっているという図柄のものが幾つもあったと思う。折口先生かと思える人物が後ろ姿を見せて、その村のかたを望んでいる絵もあった。お二人の心や学問の交流というものは、羨《うらや》むべきこまやかさをもって学問の生長に影響し合っていたようである。新しい学問の育つべき祝福された時代であった。

例えば、である。本書のあとがきにある、山の手の樫《かし》の木立に囲まれた家は、もちろん、市ヶ谷《いちがや》河田《かわだ》町の柳田先生のお住居であるが、この部分の叙述などは、折口先生から永井荷風《ながいかふう》式に気取っていると、さんざんひやかされた事もあったとか。そうして先生が急逝せられる前に、この本の再刊を著者にすすめられ、角川君にも話して下すった、その経緯もここに述べておきたい。

＊

『猪・鹿・狸』は、当時炉辺叢書《そうしょ》というシリーズを出版しておられた故岡村千秋《おかむらちあき》さんの郷土研究社の第二叢書ということで刊行された。折から『梅・馬・鶯』という、名詞三つを並べた題名の随筆集を公にしようとしていた芥川龍之介氏が、先を越された偶合に驚き賞讃した早川さん宛の書簡は、全集にも入っている。都会人の郷愁とのみ言い切れぬものと思う。

このついでに言うと、『三州横山話』が出た時、島崎藤村《しまざきとうそん》氏が書を寄せて、自分もかねがね郷土の民話を書いてみたいと思っていた、と賞揚されたことがあったという。民話という語は、使用例が混雑して誤解を与えやすいというので、民俗学の術語としては採用せぬ事になっているが、藤村氏のいう意味は、昔話とかメルヘンとかいうのでなく、村里の生活についての話柄といった気持ちであったろうと想像される。『ふるさと』などに、五行八行の短い、むしろ断片的なものを大切に綴《つづ》っておられた点からも首肯されよう。後年の大作『夜明け前』なども、そうした観点から見てよいものであろう。とにかく、当時の文壇では、この人などをおいて、このような著作に対する理解者を得ることは難しかったのである。

そういう点からすると、中国の文人周作人《しゅうさくじん》氏が、日本の書物の中で最も愛読した本として、この『猪・鹿・狸』を挙げて、非常に叮嚀《ていねい》な紹介をされたことは、最高の知己の言であったとせねばならぬであろう。このような具眼者によって、渝《かわ》らぬ支持が、本書の初刊以来ほとんど三十年にわたってなされてきたことは、それだけの高い評価に値するものが本書に具《そな》わっていたことの証左というべきである。

＊

本書は学問の系譜から言えば、柳田先生の『後狩詞記《のちのかりことばのき》』から、後年の東北地方のマタギ（又鬼）調査にも連なるものであるが、猟奇に堕せず身近い感じで人に訴えるゆえんのものは、それが獣や狩人への挽歌《ばんか》であったからに他ならない。ことにその感じは鹿の篇に濃い。

往時は神前に七十五の鹿の頭が並んだと謂《い》われた諏訪明神《すわみようじん》の御頭祭《おんとうさい》には、三河の狩人も宿次ぎをもって鹿の頭を供えたものと謂うが、今年の祭にはわずかに二つだけ。しかもその一つは白骨の毎年使う備品で、いま一つは新しかったが、いかにも若い鹿らしく小さな頭であった。それでもようやく手を廻して松本か大町あたりから需《もと》めたとか言った。これも時勢であったのである。

これに比すれば、猪の跳梁《ちようりよう》は昨年など全国的なニュースとなったほどで、程度の差はあっても、依然今日の問題でもあるわけである。それにつけて、私も鳳来寺村の玖《く》老《ろ》勢《ぜ》であったが、農家調査の際に、猪が川を渡る話を、まるで川の底を歩いていくようだったとその家の主人から実見譚《たん》をきいたのや、田口《たぐち》から稲橋《いなはし》に抜けるバスの中で、前夜の猪の被害をなまなましく耳にしたことなどを、昨日のように思い出す。それさえも、もう十数年前のことになったのだが。

周作人氏は、この猪の項が全巻中最も優れているとしている。どういう点に基づくものか知らないが、中国人にとって三者のうち最も身近な動物だからであったかと思われる。

狸の篇は、前著おとら狐の話と一系の関係にあるもの。おとら狐は川中島の合戦を見物中に流れ弾《だま》で片眼になったという歴史的な古狐であったが、狸の方はそれほどの大物ではなかったようだ。その上に貉までも活躍したのだから、昔の人の生活も必ずしも退屈ばかりとは言えなかった。

鳥の話は、今度の版に新しく加えた。横山話にも鳥の話の項があったことを思えば、長い間の関心と採訪の結果であることが判り、並々ならぬ著者の丹精が思われる。

＊

人獣争闘の長い時代を経て、山の獣は、人間から畏怖《いふ》せられた。飛道具がかれ等を圧倒して後も、その怖れは心裡に潜んでいた。その歪《ゆが》んだ形の現れが、化ける話でもあったし、さらに奇抜なのは遠山奇談の羚羊《かもしか》の脚先には吸盤があって絶壁を自在に上下するといった奇譚にまで成長したのである。一方にかれ等は人間の伴侶でもあった。

仮に害獣と呼ぶべきものであって、なおどこかに心の通うものがあったのは、その動静は人の日常話題の中心であり、今日我々が新聞や文芸書を読むのと同様な態度で接していたからである。

口承文芸の最も大きな属性の一つは、物語の類型化という点にあるかと思うが、狩人の話にもまた、類型が多かった事実は、本書の中でも指摘されている。類型なるが故に、衆人の理会と共感が得られるのでもあった。しかも、世間話がその類型の枠の作用の下で常に新鮮であり得たのは、観察の添付による実感の裏打ちによるところが多かった。

近代のいわゆる動物文学は、もっぱら生態の人間的な観察記から成り立っているが、その基盤は飼育者の観察であった。本書などと違うのは、その点においてである。本書の鹿や猪の話は、大体において狩人や杣《そま》の話である。狩人が重い口を開いて物語ったのは、非情な瞬間における感動的な獣の最期であった。もんどり打って転げ落ちる鹿の、映画のフィルムが一瞬静止した時のように印象的な記憶であった。あるいは杣の語った、朝霧のごとく谷から湧《わ》き上がる大群の鹿の行方であったのである。こうした清新な描写が、人々の胸底にある獣の神秘に対する郷愁を喚《よ》び起こした。その故に、冒瀆《ぼうとく》のような失敗譚や、雁取爺式のうまい話に、人々は反動的に頷を解くこともできたのである。文学の世界におけると同じように、写実の補給が口承文芸をも活き返らせた事実は、昔話がその裏付けを得られないで神話から童話に零落《れいらく》し去った経路と著しい相違であったが、山に獣がいなくなると、狩人は老いて黙りこんでしまった。村人はいたずらに絵の切れ端のような追憶に詠嘆するのみだったのである。

＊

村の生活には、時々風変わりな人物がまじっていた。一日に何十里歩いた人とか、大変な力持ちとかいうのがそれで、その逸話にもまた著しい共通性が見られたのであるが、人々がその話題に常に興味をもち続けたのは、世間が狭いからだったと言えるけれども、一因に体験譚と思い込ませるものがあったからである。それと言うのも、現代の社会が文士や詩人の性行のやや常人に比して異常であっても、その職業の故に怪しまないのと同様に、村人の固着した暮らしぶりや考え方に比すれば、非農的な業態の者に異常な行動や体験があることを、むしろ当然とする一種の社会常識のようなものが存在したからである。

旅をする職人や芸人達のみには止まらない。狩人などもそれであった。鉄砲が発達し、山が開けたために、狩人の英雄的な奮闘譚に加えて、獣達の哀れな末路が語り添えられた。それは狩人と常民との接近であると共に、狩人自体の末路をも意味していたのである。
早川さんが戦時中に、村の奇人伝といったものを『週刊朝日』誌上に連載されたことがある。実に面白いものであったが、それも本書や『三州横山話』などと一貫するもので、そうした畸人《きじん》の姿に照明を当てることによって、通常の農民の群像を浮き彫りにしようという意図でもあったと考えられる。この点からすれば、本書はやはり獣を主人公とした本というべきではなく、人間を対象にした厳粛な記録であったのである。

一九五四年七月四日

鈴木棠三

解説──新装にあたって

常光　徹

早川孝太郎は、明治二十二年（一八八九）十二月二十日、愛知県南設楽郡長篠村横山（現、新城《しんしろ》市）に生まれた。父は要作、母は志ん、二男五女の長男である。当時、横山は三十戸ほどの集落で、家は代々農業を営み、裕福ではなかったが旧家で比較的恵まれた環境で育った。明治三十五年に尋常小学校高等科を卒業後、銀行に勤めながら豊橋素修学校に通う。卒業後は長男として家の後継を期待されたが、しかし郷里には残らず、画業を志して上京する。その後、柳田国男の知遇を得、また折口信夫や渋沢敬三らと出会って、民俗学の世界で活動する道を拓いていった。その頃の動向については、生前早川と親交のあった鈴木棠三の解説（二三七頁）が参考になる。

『猪・鹿・狸』は、大正十五年（一九二六）に郷土研究社から刊行された。この書は、それ以前に出した『おとら狐の話』（大正九年）や『三州横山話』（大正十年）、本書に再録の「鳥の話」（大正十四年）など、郷里の言い伝え、なかでも動物の伝承に関心を注いだ一連の著作の延長線上に結実した成果といってよい。幼少期に横山で見聞きした話と、帰省した折に古老から聴き溜めた話をもとに構成したもので、猪・鹿・狸にまつわる逸話が縦横に語られ、独自の伝承世界を形づくっている。出版当時、民俗学の関係者だけでなく、芥川龍之介など作家たちのあいだでも評判になった書である。

＊

猪の話は、むかし狩人だった男を訪ねたときの体験談から始まる。男の記憶の底から、かつての猪狩《しし》りの話を引き出していく姿には、聞き手としての卓越した才覚が垣間見える。それにしても、郷里を舞台にこれだけ多彩な話題を掘り起こした事実には驚かざるを得ない。著者の動物に寄せる深い関心が根底にあるのは言うまでもないが、同時に、横山という集落の置かれた地理的・歴史的な背景も見逃せない。ここは、東三河平野の北端に位置し、これより奥は鳳来寺山をはじめ奥三河の深い山々が連なる。いわば平地と山地の境目にあたるところで、さらに、目の前を寒狭《かんさ》川（豊川）が流れ、川に沿うように豊橋と信州方面をむすぶ街道が走っている。三隅治雄は「早川孝太郎の世界」で、こうした環境ゆえに「北設の山間を渡り歩く杣木樵《そまきこり》もよくたずねてきたし、平野の百姓・物売りも親しく往来し、おかげで早川は幼いときから山村風俗にも野の文化にも親しむ機会を得た」と指摘した（『日本民俗文化大系』七）。確かに、早川の周りには多彩な話の持ち主がいた。たとえば、猪狩りの笑い話をしてくれた男について「本業は木挽《こび》きであった。元来話好きの男で、話の種を不思議なほどたくさんもっていた。私の家で普請《ふしん》の時には、前後百日あまりも泊まっていたが、その間、いくらでも新しい話を提供してくれた」と回顧している。早川が生まれ育った横山は、規模は小さいが山と里の交流がさかんな土地柄で、そこはまた、さまざまな話の集散地でもあった。

秋の収穫期に田畑に侵入する猪の害は深刻だった。村人は案山子を立て、猪の嫌う髪の毛を焼き、空き缶を叩くなどして駆除の対策を急ぐ。憎い猪だが、しかし夜間に行動するため、その姿を目撃する機会はほとんどなかったようだ。翌朝、目も当てられぬ狼藉のあとだけが無残に残る。早川は物心つく頃から猪は恐ろしいもの、強い獣と聞かされ想像をふくらませていたという。ところがある時、狩人に舁《かつ》がれてゆく猪の姿を初めて見る。その時の印象を「実のところ同じ幻滅を感じたものである。それでいながらまた一方には、全然別の猪を想像していたのだから不思議である」と述べている。現実の猪と空想の猪の落差に幻滅を感じたという感想は興味深い。多くの話に登場する狩人は実在するか、あるいは過去に実在した人物とされ、地名や家屋敷も架空のものではない。猪の被害や駆除のあれこれも生活の現実であった。ただ、そこで繰り広げられる猪と狩人の話は、多分に空想に彩られている。ときに伝説や昔話も織り交ぜながら、現実と空想のはざまで虚実が交錯し、混然一体となった世界が幻出する。それが、読む者を惹きつけてやまない魅力の源泉であろう。

鹿の大群に出合った話は、明治三十年の冬のことだという。深く立ちこめる霧のなかを何千何百という鹿の群が峰へ向けて風のように走っていくのを、山中の杣たちが目撃した。誰一人声を立てる者もなく、立ちすくんだように見とれていたという（一九 鹿の大群）。まるで映像を見ているように鮮明に光景が浮かぶ。すぐれた文才と併せて画才に長けた早川ならではの描写である。この話から『遠野物語』四一話を想起した人は少なくないだろう。秋の暮、猟師が峰より何百とも知れぬ狼が走りくるのを見て、樹の上に逃れた。その下を足音をたてて走り過ぎて行ったが、その頃より狼が著しく減少した、という内容である。早川は『遠野物語』の狼を念頭に置きながら、序文で、動物が姿を消した背景を「明治三十年前後などと、見てきたような話もあったが、実はちょうどその頃が、われわれ民族の文化が一大転機にあって、昔ながらの生活伝統が、あたかも伝染病に斃《たお》れるように、次々に亡びつつある期であった。動物も亡びたであろうが、動物との交渉もまたにわかに忘れられた事も否《いな》みがたい」と書いた。動物が亡びつつある現実を認めながらも、それ以上に、動物と人との交渉が忘れられようとしている時期であったと強調している。『猪・鹿・狸』は、獣と人との長い交渉の歴史が、まさに終焉のときを迎えた刹那に立ち会った聞き書きといってよい。

村の日常を語りながらも、どこかで日常を超えたものへのあこがれや驚きが文中の随処に脈打っている。目を丸くするような奇談や異聞に心を躍らせるが、それらの蔭に隠れるように、哀しい話を綴っている。仕留めた親鹿を舁いで山を下りる後から子鹿がとぼとぼとついてくるという話（一四　親鹿の瞳）なども、胸がつまる切ない光景である。獲物を得た歓喜の裏に漂う生き物の哀れに、早川はじっと目を凝らしている。本書が織り成す深い陰翳の襞は、動物に寄せる熱い心情と鋭敏な感性から生まれるものであろう。

狸の話は、猪や鹿とは趣が異なる。擬死によるいわゆる狸寝入りや、狸の溜め糞といった、この動物の習性からでた話なども面白いが、やはり特徴的なのは、人を化かし取り憑く狸である。大久保の古狸が橋の上で坊主に化けて、通行人をおどした。五十年ほど前、ここを通りかかった村の某《なにがし》がおどされ、近くの家に駆け込むなり倒れたが、数日後に息を引き取ったという（一四　狸の怪と若者）。ほかにも、仕事に出たまま行方知れずになった者の履物が、大狸の穴の前に落ちていた。子供が狸に憑かれて夜泣きが止まないため、山犬（狼）の下顎《したあご》でつくった根付《ねつけ》を布団の下に入れると嘘のように止んだ、などといった話が並ぶ。いずれも狸の仕業とされる。村の中で発生した原因不明の事件や現象、あるいは妖しい出来事を理解する際、狸は有効な説明の手段として機能していたようだ。

随処に、笛や太鼓などの音を真似る狸が登場する。狸は人間の聴覚を欺くのが得意らしい。早川は、狸の話を見ていくうちに「真夜中などよりかえって日暮れ方の方が気味が悪いという。ぼんやり人顔の見える時刻に、とかく不思議な事が多かったらしい」と気づく。そして、狸の怪が「申し合わせたように、村はずれや境で、道祖神や六地蔵を祀った地であるのも少し気になり出した」と述べている。時間と空間の境界領域で怪異が発生するのではないか、という指摘は、後に学界で話題になった境界論を先取りする発言で示唆に富む。

明治三十幾年であった。豊川鉄道が初めて長篠へ通じたとき、勝楽寺森の狸が線路工事のため穴を荒らされた仕返しに、機関車に化けて走った。最初は機関手も驚いて止めたが、次の晩に現れた時には構わず走らせた。翌朝、線路に古狸が死んでいたという（二一　狸の最後）。いわゆる「偽汽車」と呼ばれる話で、明治五年に新橋・横浜間に鉄道が開通して以降、軌道が延びるとともに各地で話題になっていたようだ。早川は「狸にとっての汽車は、トンネル工事で穴を毀される以上に、憎い憎い敵であったかもしれぬ、そうして結果は狸が負けて亡びていったのである」と解説している。宮田登は「世間話の深層」でこの民話に注目し、汽車に轢《ひ》き殺された狸を地域社会の自然を代表する存在と解釈した（『昔話伝説研究』七）。機関車に化けた狸は、鉄道の開通に代表される近代化という現象に対抗しながらも、結果的にその地を追われる破目になった、と読み換えることも可能だろう。

＊

「鳥の話」は、大正十四年（一九二五）十一月発行の『民族』第一巻一号に発表した「雉の話其他」をもとに構成されている。ここに登場するのは、すべて幼少期に故郷横山で接した鳥たちである。内容は多岐にわたるが、『猪・鹿・狸』の話とはちがい、早川自身が実見し手にふれた体験にもとづくだけに、観察が行き届いているだけでなく、描写がこまやかで、鳥に対する繊細な感情の機微が伝わってくる。

全五〇話のうち、一から一二話までは鶏の話題が占める。村の家々で飼われていた地鶏が、実利を優先する洋鶏に変わっていく様相をとらえた記述は、当時の生活史の断面を浮き彫りにする鋭い視点である。また「烏鳴きが悪いと誰か死ぬ」「山鳥の尾は魔除けとして門口にさす」といった予兆やまじないをいくつも書き留めている。これらの俗信は、人びとの心のくせとでもいうべき心意に触れる伝承といってよい。

早川孝太郎は、豊かな資質に恵まれた類いまれな伝承者であった。暮らしの表情を鮮やかにすくいとる感性と直観力は、おそらくここに淵源するのであろう。

平成二十九年　仲秋　先師鈴木棠三先生を想う夜に

（つねみつ　とおる　民俗学者）

本書は、一九五五年に角川文庫として刊行されました。

旧仮名遣いを現代仮名遣いに改め、一部の漢字はひらがなに直し、新たにルビを付しました。

本文中にはびっこ、めくらなど、今日の人権意識や歴史認識に照らして不当・不適切な表現がありますが、著者が物故であること、また扱っている題材の歴史的状況およびその状況における著者の記述を正しく理解するため、原本のままとしました。


（編集部）

猪《いのしし》・鹿《しか》・狸《たぬき》

早川《はやかわ》孝《こう》太《た》郎《ろう》

昭和30年 5月30日　初版発行
平成29年 11月25日　改版初版発行
令和6年 5月25日　改版4版発行

発行者●山下直久

発行●株式会社KADOKAWA
〒102-8177　東京都千代田区富士見2-13-3
電話　0570-002-301（ナビダイヤル）

角川文庫 20662

印刷所●株式会社KADOKAWA
製本所●株式会社KADOKAWA

表紙画●和田三造

●お問い合わせ
https://www.kadokawa.co.jp/（「お問い合わせ」へお進みください）
※内容によっては、お答えできない場合があります。
※サポートは日本国内のみとさせていただきます。
※Japanese text only

Printed in Japan
ISBN978-4-04-400278-7　C0139

◆◇◇